なぜ女と経営者は占いが好きか

副島隆彦

GS 幻冬舎新

“私は今年は大殺界《だいさつかい》”――はじめに

私は金融・経済や政治評論などで評論家として本を出して食べている。近年、私の金融・経済の近未来《きん》予測はよく当たる。自分で自分をホメるのはみっともない。だが、よく当たるのは事実である。4年前ついに私は、「予言者宣言《よげんしゃ》」をした。2007年8月のニューヨーク発の金融大暴落（これを「サブプライムローン崩れ」と言う）と、その翌年2008年9月15日の「リーマン・ショック」の二つとも予言して当てた。それぞれ、大暴落の一カ月前に出した本で当てた。私の大きな実績である。その頃から、私はいよいよ占い師（予言者）になるのだと決めた。

占い師とは近未来《きん》予測者である。1、2年先から5年、10年以内の近い未来に起きることを当てる。50年、100年先のことは予測できない。人智《じんち》を超える。占い師とは予言者とほぼ同じだと思う。日本（あるいは東アジア）には予言者の伝統はない。その代わり

図表 1

コンピュータ占いで出る四柱推命の診断結果

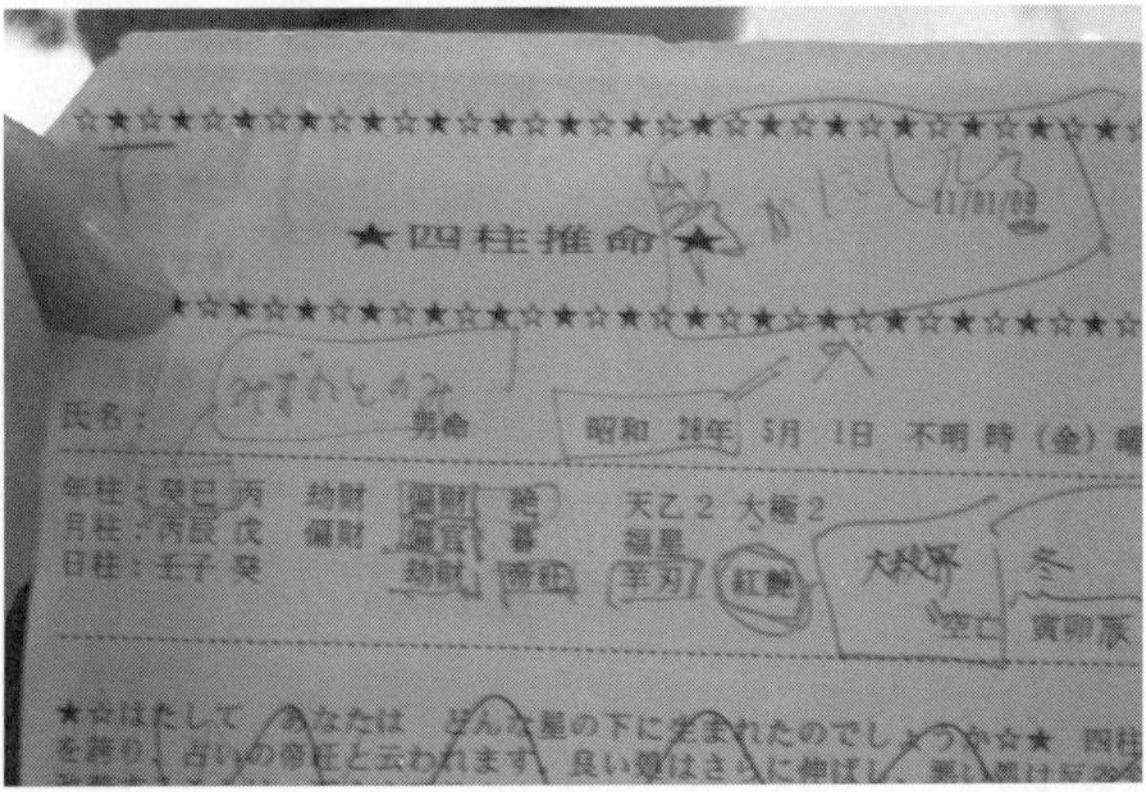

一度でいいからあなたも占いをやりましょう。占いとは「近《きん》未来を予測」すること。後《うし》ろ向《む》きでないものの考え方だ。未来は不確かであるからこそ自分で占う。

に占い師がいた。私もこの伝統に連《つら》なると自覚するようになった。私にはわずかだが霊能《れいのう》者《しゃ》の才能もあるようだ。難しい金融・経済の近《きん》未来予測（予言）を毎年やって、半年先とか1年先のことを今もぴたぴたと言い当てている。

私はこの13年間（1998年から）に金融・経済本をどんどん書いてたくさん売れるようになって、本の印税で生活できるようになった。45歳のときからだった。去年まで大学教授もしていたが、大学教授の年収1000万円の給料だけでは実際、生活が苦しかった。私はあくまで言論人、物書きであるから、大学から貰《もら》う給料に頼らなくても生きてゆけるようになった。

私は、今年2011年の1月9日、中華街の女性の占い師にみてもらった。すると、**私は今年は大殺界《だいさつかい》である、**と言われた。卯辰《うたつ》の年、すなわち、今年と来年は大殺界（**空亡《くうぼう》**）であると占い師に言われた。私が大殺界だということは、今年及び来年までは、いろいろと危ないことが起きる恐れがあるから注意しなければいけない、ということである。私はその時思った。有難《ありがた》い自分の運勢の占い（近《きん》未来予測）をしていただいて占い師に感謝した。そして私は思った。「そうか。私は大殺界にいるのか。なんだか細木《ほそき》数子《かずこ》さんの世界に入ってきたな」と思った。3000円也《なり》を払って占い師（易者《えきしゃ》）の部屋から出て、駅に向かって歩いていたら、なんだかしきりにそういう気がしてきた。占いは当たるようだ。占い師から「あなたは今年、来年はなるべく静かにしていなさい。そうしないといろいろと危ないことが起きますよ」と言われたのである。よし、私はこの占い師の忠告を守ろうと思った。でも、そんなことできるかなあ……。

なぜ女と経営者は占いが好きか／目次

第五章 科学と宗教が堕落し占いは栄えた 113

図版作成　(有)美創

第一章
占い・呪い《まじな》いをバカにする人は金儲けできない

未来志向の重要性

近年、私は強く思うことがある。

自分の書いた本がよく売れるようになった私は、経営者や資産家（金持ち）たちに呼ばれて全国あちこちで講演をする。そうすると、私の本の熱心な読者たちで、講演会にわざわざ5000円とか1万円のお金を払って来てくださる人たちは、一体私に何を求めているのか。私は真剣に考えざるを得なくなった。私はお客様、すなわち自分の本の読者になってくださる人々が自分に何を期待しているのか、よくよく考えるようになった。このことを深刻に考えた。そしてわかった。それは私のお客（読者）たちは、私に金融・経済、すなわち「お金の話」について、これからどういうことが起きるのか、世の中はどうなるのか、を知りたいのである。しかも切実に知りたいのだ。私に近《きん》未来の予測をやってもらいたいのだ。

彼ら（経営者や資産家たち）が、私に予言者、占い師になれと言っているのだ。私はその期待に本気で答えなければ、と思うようになった。図《ず》に乗っているのではない。増長《ぞうちょう》しているのではない。私はこのことで真面目だ。

図表 2

天《てん》球《きゅう》儀《ぎ》

©JAPACK/a.collectionRF/amanaimages

紀元前3世紀前から作られた。地上から見える星座の動きを決定した。真ん中の球は地球だとされる。後に、これは太陽だともされる。わけがわからない。　　地球が球体であることさえ認めていなかった時代に、このような「天球儀」なるものが存在した。それでも天文学者（あるいは占星術師）たちにとって星の配置を決定するための重要な道具だった。

私は政治と経済との両方ともがわかる。二つともできるこの国では珍しい評論家である。私の大切な読者と顧客たちは、これから先、日本と世界がどのように動いてゆくのかを知りたくて私が話すことをそれこそ固唾《かたず》を飲んで聞いている。

但《ただ》しこの本では金融（お金）の話はしません。私の金融・経済についての本は書店にありますから、その本たちを買って読んでください。インターネット（ネット書店）で取り寄せることもできます。

私にはっきりわかったことは、金融・経済のお金の動かし方や投資のことに本気になる人たちは、未来志向である。前向きです。未来のこと、それは50年、100年先の話ではなくて、1～2年以内の近《きん》未来のことが大変気になる。そのことを私から聞きたいと思っている。そのことで、自分の会社経営に役立てたい。あるいは投資をしたい。これから一体、どういうことが起きるのか、私の予言（占い）を聞きたい。あるいは、自分の投資（資本の投下）の参考にしたいと思っている。もっと言えば、自分の株式や為替（通貨取引）や投資信託（ファンド）での金融投機《とうき》（スペキュレーション）での、重要な投資情報として私の話や本の内容を利用している。この人たちは、つねに前向きである。時間軸でいえば、将来、未来のほうばかりを見ている。

それに対して、いわゆる読書人や知識人である私の本の読者たちは、後ろ向きだ。過去のこと、すなわち過去についての歴史（学）の知識を追い求めている。私を含めて知識人や読書人というのは本当に辛気《しんき》臭《くさ》いというか、昔のことしか知らない。私もそうだったが、大学の文科系の学者たちというのはじつにそうなのだ。昔の研究ばっかりやっている。政治学も、経済学も、法律学も、思想研究もどう考えても昔の、過去のことばかりにこだわって、それらを緻密に細かく調べて理解することを一生懸命やるわけだ。

私自身も、この知識人だから難しい本ばかり読んできた。おそらくこれまでの40年間で、5000冊くらいの本を読んできたと思う。知識人、言論人である私は、昔のこと、過去のこと、人類の歴史上のあれこれのことばかりをたくさん追い求めてきた。私はこのことにハタと気づいた。どうも「私自身が〝遅れた人間〟なのではないか」と自分で自分を疑った。

過去だけ知っていても意味がない

過去のこと（歴史）をたくさん正確に知っていることは大事なことである。大切なことである。それこそは知恵（ウィズダム wisdom）なるものであるからだ。知恵がある人であるからこそ、私は知識人（インテレクチュアル intellectual）であり、思想家（スィンカー thinker）を自称して恥じないのである。たしかに、過去（歴史）についての知恵があり、知識が深いことは大事である。大切である。しかし、そればかりではいけないのだ。自分の知識（知恵）を近未来《きん》の予測のためにもっと本気で使うべきなのである。

だから私は自分の熱心なお客（読者）である経営者や資産家たちから私に寄せられている切実な願いで目が醒《さ》めて反省したのである。私（自分）こそは、後ろ向きの、過去ばかり追いかけている人間だった、と。

私はもともと生まれながらにして知識の習得に向いているから、昔のことが書かれた古《こ》今東西《こんとうざい》の歴史的な大著とか名著とか古典（クラシックス）と呼ばれるものをずっと読んで生きてきた。金儲《もう》けには興味がなかった。だからカネ儲けにしか興味がない人たちを内心密かに——もう言ってしまうけど——軽蔑してきた。

しかし、私は考えを変えた。この（左ページの図）二種類に分けて、未来志向で前向きな資産家や投資好きの人たち、そして女性たちのほうが、ただの知識人や読書人よりも優れている。このことに今から半年ぐらい前にハッと気づいた。うなされたように未来を見ている、先のことばかり考える人たちのほうが、本当は「頭がいい」のではないか。学校

図表 3

過去からしか学ばない人はダメである。

過去

昔のこと
歴史の知恵

時間の軸

知識人、
高学歴人間は
昔のこと
（過去のこと）
ばっかり勉強する。
近未来のこと、
「これから
起きること」を
考えない。

近《きん》未来

これから先のこと

時間はこっちに流れている

女性や**経営者**は、
「これから自分に
起きること」に
ものすごく真剣だ。
だから占《うらな》い、呪《まじな》い
（厄《やく》除《よ》け）が
大好きである。
本気で未来の
ことを考える。

（学生）時代の勉強はできなかっただろうが本当の意味で「頭がいい人たち」なのではないか。このような一つの大きな改心（考えの変更）が私の中に起きた。

この他に、金持ちや経営者ではない人も多いのだけれども、スピリチュアル系という人々がいる。このスピリチュアル系（精神世界を重視する人々）も私の本を買ってくれる。だから私は、自分のお客様としてスピリチュアル系の人たちをもどうしても大事にしなければいけない。当然、スピリチュアル系の人々は占《うらな》い・呪《まじな》いを重視する。

占い・呪《まじな》いを学ぶ――修験道、四柱推命、九星術

そこで、どうやったら私は占い師になれるのか本気で考えた。とても、50歳を超して、今さら自分が占い師になれるとは思わない。しかし、自分は金融や経済についての予言者を自覚し、自認《じにん》及び自任《じにん》している。さらには、国家戦略家（ナショナル・ストラテジスト）すなわち、**国家予言者**であることまで公言している。だから占い（学）の勉強をしないわけにはいかないのだ。そこで私は、まず修験道《しゅげんどう》の修験者《しゅげんじゃ》（山伏《やまぶし》）の修行《しゅぎょう》をしてみたい、と思い立った。私の修験道の体験記は、この本のあとのほうの第六章（P．155から）に書いた。私が修験道の勉強から学んだことは大きい。

修験道の体験のあと、私がのめり込んだのは、占《うらな》いについての勉強である。私は考えた結果、運勢占いの学である「四柱推命《しちゅうすいめい》」の勉強をしようと思い立った。するとこの「四柱推命」の他に「算命学《さんめいがく》」というのがあることがわかった。この他に「九星気学《きゅうせいきがく》」という占い学もあることがわかった。総称して占術《せんじゅつ》とも言う。これらは中国の易学《えきがく》の流れであり、日本に伝来したものだ。易（学）は周易《しゅうえき》とも言い、今から約３０００年前（B.C.1046～B.C.256）の古代中国の周王朝の時代からあるとされる。

四柱推命の中にも流派がいろいろあることがわかった。女性たちに有名な細木《ほそき》数子《かずこ》さんも大きくは四柱推命の占い師のひとりである。ほかにもいくつかの流派がある。その内側はあれこれ難《むずか》しそうなのでよくわからない。わかる必要もない。意味不明のことを書いている本も多い。だいたいの大きな枠組みの理解に到達すればそれでいいのである。

占いなんてすべてインチキだ。淫祠邪教《いんしじゃきょう》だ、非科学的だ、と言って毛嫌いする男たちがたくさんいることもわかっている。私もそうだったから。こうやって私の占い師への勉強の道が始まった。

自分には霊能者の素質と才能もあるという確信が５年くらい前からわいてきた。霊能者というのは、ある日突然、自分の脳が打ち震えるようにブルブルしてきて、口が勝手に動いて「近いうちに何か異変が起きる」と勝手にぶつぶつ言い出す。頭が痛んだまま、口から訳のわからないコトバがどんどん出てくる。家族を含めて私のまわりの人々はやや嫌がる。私の弟子たちでも嫌がる（私には50人くらいの弟子がいる）。私自身もなぜこうなるのかよくはわからない。だが私は確実に何事かを予測しているらしい。そしてよく当たる。

　このように私には霊感というものがあって、私の場合は、これから先の世界の動きから始まってそれが日本に対してどういう影響を与えるか、とか、この2〜3年内にどういう事件が起きるかということが、予測できるようになった。それはひとつには私がこつこつと自力でいろいろな学問や思想を研究してきたからだ。それでわかるようになった。急に不愉快になったり、脳が痛くなったりすることが今もよくある。そのあと、なぜか1〜2カ月後に、社会的に大きな事件が起きることが多い。

　だから私は自分の霊能者としての資質、才能を自覚するようになった。現在、57歳になったが、もうたいていの文科系の学問や知識、政治思想の勉強はやった。自分が知らないことはもうあまりないと言うと、「副島、自惚《うぬぼ》れるな。威張《いば》るな」と言う人がいる。では、いいですか。私に政治（学）や経済（学）や法（学）や金融や、政治思想や人生論や歴史（学）のことで論争を挑みたい人はいますか。私は受けて立ちますよ。私と1時間、公然と人々の前で社会問題や政治問題を議論し合って勝てる、という自信がある人は名乗り出てください。私は逃げません。この本の巻末に私への連絡先を載せてありますので、連絡してきてください。

ひと昔前の基準なら、老人（初老）の年齢である60歳にもうすぐだ。やがてあそこも勃《た》たなくなりそうだ。いよいよ自分は現世の諸欲望から自由になりたい。私は少しずつ現実の世界に対して執着心がなくなってきた。大げさな言い方をするなら「悟《さと》り」に向かいたい。もうわざとらしいウソや政治謀略や飾り言葉や虚飾のたぐいに興味がなくなった。あまり他人様《ひとさま》に気兼ねすることもなくなった。しかし、だからと言って他人様の邪魔をして、自分の我《が》を通そうという気もありません。ずっと静かにひとりで考えていたい。それでもこの世の中にはびこる虚偽、偽善、欺瞞《ぎまん》のたぐいに対する私の怒りと憎しみは今も強い。最後に、唐突だが、だから私は占い師を目指す。

占いを見下す勉強秀才の害悪

学生時代（若い頃）に、いわゆる勉強秀才だった人間たちは、占い・呪《まじな》いをバカにしている。非科学的だ、迷信だ、愚かな人間のすることだ、と見下している。しかしそうでは

あなたも1回でいいから、

街《まち》の占い師に、

3000円出して

占ってもらうべきである。

大きな駅のそばや

繁華街にはたいてい

占い師の部屋がある。

図表 4

頭の固い男たちへ。女と

経営者・資産家たちに学びなさい。

女と経営者たちはいつも

近《きん》未来、すなわち、これから

先のことをいつも真剣に考えて

いる。だから占いをする。

あなたも少しでいいから

占いを勉強すべきだ。

占《うらな》い・呪《まじな》いを

バカにしている人は

金儲け（豊かな暮らし）は

できません。

ないのだ。

自分の未来を見つめる目、これから先のことを考えたいなら、少しでいいから占いをやってみるべきだ。若い頃から試験勉強ばっかりやった人間たちは、現実の組織、会社の中でいちばん使いものにならない人間たちだ。

私、副島隆彦は、勉強秀才だったことだけが取り柄の官僚（高級役人）、医者・弁護士、国家試験狙い人間、大企業エリートサラリーマンたちが大嫌いだ。彼らは組織内での自分の出世のことばかり考えている。この者たちには経営の才能はない。自分の力で稼《かせ》いで金儲けをして、人々を使って食べさせてゆく能力はない。自分の給料（収入）は、会社（企業）や組織が自動的に払ってくれる、と思っている。だから、上司の命令に従って、命令（指図《さしず》）どおり使われるだけで、「自分で売り上げを上げる。利益を自分の力で作り出す」という考えがない。

だから官僚（高級役人、上級公務員）たちはダメなのだ。国家に寄生する寄生虫（パラサイト）たちなのだ。同じく大企業エリートサラリーマンたちもダメだ。彼らも自分で売り上げを作り出す経営者の才能がない。だからつまらない人間が多い。

経営者、その中でも創業者（企業のオーナー）は偉い。経営者の才能は、学校の勉強、生徒、学生時代の成績などでは絶対に決まらない。もっとはっきり言おう。実業家、経営者として成功した者たちには学歴はない。彼らは裸一貫から自力で這《は》い上がった人たちだ。人の言うことをハイハイと聞いて動いている人間には、経営者になる精神がない。官僚や大企業エリートサラリーマン（だと自分のことを思い込んでいる人間たち）は組織内で生き残ることしか考えない。だから、人々に嫌われる。

創意工夫のできる人間は、学歴などいらない。勉強秀才だった人間にロクな人はいない。もっとはっきり言う。勉強秀才（のなれのはて）たちは、社会の害毒、害虫である。絶滅させないと、国が危ない。国民の生活が危なくさせられる。だから、政治家（国会議員）や知事や市長や町長は、経営者としての実績のある人にすべきである。小沢一郎の言うとおり、官僚支配をやめさせなければならない。占い・呪《まじな》い、近《きん》未来予測、金融バクチ（ギャンブル）が大好きで、それらにのめり込むタイプの人間たちのほうこそ、世の中のためになる豊かな才能がある。だから、あなたも占いをやりなさい。

なぜ女は占いが好きか

なぜ女は占いが好きか？　この問題は、男たちにとって重要である。男の中にも占いが好きで、自分で占いをやっている者がいるよ、だから決めつけてはいけない、と言われるだろう。しかし、大半の男は占いをバカにしてきた。女たちが、星占い（アストロロジー astrology）や相性《あいしょう》（恋愛）占いの話を横でしていると、男たちはしらけた顔をして聞いていた。私自身が長年そうだった。なぜ女は占いが好きなの？　と真正面から私は知人の女たちに次々に聞いてみた。私の奥さん（配偶者）を含めてである。

聞いたその瞬間に、女たちの顔が一様に歪《ゆが》んだ。表情が一瞬暗くなるというか、途方に暮れた感じで、とまどっている。「男なんかに、いちいちそんなことを答えられない」という顔をした。占いの良さがわからないのなら、放っておいてくれ。女たちの世界にいちいち立ち入ってこないで、という表情である。どうせ占い好きである女を頭からバカにしているんでしょ、という感じである。タロットやカード（トランプ）や水晶などの占いや、運勢判断、相性・姓名判断などのことを、自分の知っている限りで丁寧に私に説明してくれる女性はひとりもいなかった。実に面倒くさそうな顔をする。

占いは「口であれこれ説明するもの」ではないらしい。占いは、ただひたすら占い師に「見てもらう」ことである。そして「私とあなたの相性は、5つのうち4つがダメだって。だからやっぱり相性が悪いんだって」と奥さんが私に言いながらげらげら笑うためにある。

図表 5

西洋占星術で使われる十二宮《じゅうにきゅう》(星座)と7惑星(支配星《しはいせい》)の星の配置盤《ばん》

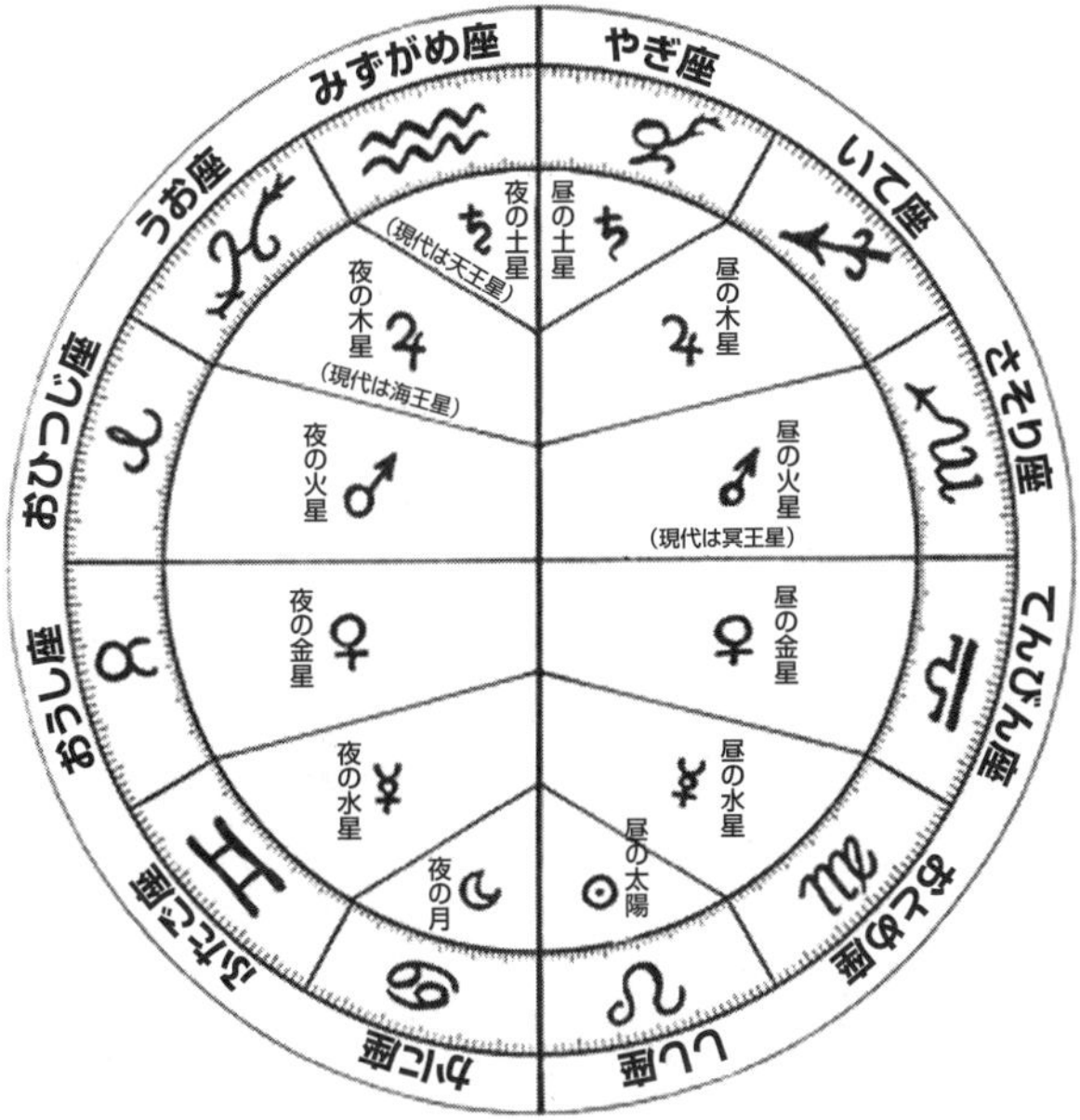

古代エジプトの占星術(古い天文学 Divination《デイヴイネイシヨン》)から作られ使われるようになった西洋占星術の星位盤(horoscopy, ホロスコーピイ)である。西洋占星術は星座(12宮《ハウス》)に7惑星の移動が重なる(ぶつかる)時に、その人や王様(国)の運命を占断する。

女たちは、占いの結果を聞いても落ち込まない。「やっぱりそうか。今の自分の生き方でいいんだ。このまま元気に生きてゆこう」と自分を励ますために、占いの結果をいい方向に解釈する。そのために占いをしてもらう。ちなみに西洋占星術が中国にやってきたものを「律欺経《いつしきよう》」とか「七政四余《しちせいしよ》」という。

女たちは未来を見ている。これから先のことにしか興味、関心がない。これから自分に起きるであろう、あれこれの幸運（吉《きち》）、不運（凶《きよう》）のことを予測して、そして準備を怠りなくしようと考える。女は過ぎ去った過去のことなどさっぱりと忘れる。昔の嫌なことをすべて捨て去って消してしまう。女は過去をひきずらない。すべて消し去って、前向きに明るい未来に向かってどんどん生きようとする。

それに比べて、総じて男は過去を引きずる。昔の自分の業種や、過去の出来事や、人間関係をずーっと引きずったまま、体面《たいめん》ばかりを気にして生きている。だから男は齢をとるごとにどんどん重苦しくなってゆく。そしてやがて女たちに嫌がられて、「いちいちうるさいじいさんだ」と煙たがられて捨てられてゆく。

女たちは未来志向だから、過去をふりかえらない（ただしここがちょっとおバカ。過去の痛い経験から学ぶ力が少ない）から、男と比べると明るく元気である。だから近《きん》未来の予測である占いを好んでする。テレビや女性雑誌の簡単な占いコーナーの記事で、話に花を咲かせることができる。男たちは、占いの話などしない。したら「こいつはおかしいんじゃないか」と周りから思われる。

それは、男は自分の意思と能力で、自分の人生を切り開いて（拓《ひら》いて）ゆけると信じ込んでいるからだ。周りも、そのような強い人間であれ、と幼い頃から期待する。だから、「あらかじめ、あなたの運命は決まっていて、この星の下《もと》に生まれたから、あなたの一生はこのように決まっているのだ」と言われても信じない。そうやって男は〝強い自分〟を演じながら生きなければならない。キツくて苦しいこと甚《はなは》だしい。「運命を自力で切り開く」なんて、そんな簡単なことではない。男はたいていは疲れきっている。こんなキツい人生から逃れてもっと楽をして生きたい、と思う。

それに対して女たちは言う。「女に生まれた、ということは、もうそれだけで大変なんだよ。向かないし嫌《きら》いなのに勉強もさせられて。仕事もしろ、自立しろ、と言う。結婚もして子どもも生め、と言われる。毎月の生理もある。そんなに体力もないのに、あれもやれ、これもと言われる。そんなことはできない。自分の運命なんてもとから決まっていたんだ、と考える方が楽だ。だから占いをやって、自分の運勢に従って適当に生きているのがいい」、このように女たちは考えているようだ（勝手に決めつけるな、と言われても、決めつけるしかない）。

なぜ女は占いが好きなの？　と尋ねた時、女たちが一瞬ひるんで口ごもって暗い表情をすることに私は気づいたと前に書いた。それは、おそらく小学生の頃から、星占いとかを少女雑誌とか読んでやっていた。それで大人の男たちや学校の先生から「占いなんかやっているようではダメだ。もっとしっかり勉強しなさい」と言われたからだ。占い好きの自分は軽蔑されている、と感じて自己防御の姿勢を取るようになる。男たちに対しては、もう二度と「私は占いが好きだ」とは言わないことに女たちは固《かた》く決めたのだ。

中年の女性たちでも、ちょっとしたインテリ女性たちでも、驚くことに占いが好きだ。都市のはずれの山のほうに棲《す》んでいるカミ（神）さま、とかカミ（神）さん、と呼ばれる霊媒師《れいばいし》のところに出かけて、1回5000円とかの拝見料を払って、年に一、二度、占いをやってもらいに行くようだ。「あの占い師はよく当たる」という評判が立つと、ソワソワして出かけるようだ。私の母や姉がそうだった。「タカちゃん。あなたの運勢も占ってもらったからね。今年はいいことがあるんだって……」という調子である。

女の占い好きは止まらない。それはきっと古来のものであり、女という生き物が始まってからずっとつきまとう性質である。男だって本当は昔はそうだったのだ。昔に戻ったほうがいいのではないか。私はこのことの重さにようやく気づいた。人生あれこれあるが、やはり時には、運勢占いをしてもらって、素直に人の言うことを聞いたほうがいい。

何度でも書くが、「オレは非科学的なものを信じない」とか「現代科学に反する迷信になんか、自分は嵌《は》まらない」などと言っている人間たちこそ、もう古くさいのだ。現代科学《モダン・サイエンス》の成果などもう、それほど威張れるほどのものではなくなっている。

サラリード・マン（salaried-man）の男たちは、今こそ自分の奥さんや娘さんに、「占いっておもしろいの？　本当に当たるのか？」と聞いてみるべきだ。そのようにしてみる態度が、まず重要なのである。

なぜ経営者は占いが好きか

企業の経営者たちも占い好きである。女と経営者は占いと呪《まじな》い（厄除《やくよ》けのこと）が好きだと私はここまでずっと書いてきた。

なぜ経営者たちの中に占い好きが多いかと言えば、それは、彼らは他に頼るものが何もないからだ。頼りになるのは自分だけだ。朝、お店を開けて、あるいは営業部が動いてその日一日、一体どれだけの売り上げがあるかわからない。まったく売り上げのない日もあるだろう。売り上げ（セールス・アマウント sales amount）がなければ利益（プロフィット profit）は出ない。売り上げから経費（エクスペンス expenses）を引いた残りを利益（粗利《あらり》）と言う。この利益から税金・保険金（公租《こうそ》公課《こうか》とも言う）などを引いたものを純《じゅん》利益（ネット・プロフィット net profit）と言う。

　利益を出すにはどうしても初めの売り上げがなければならない。売り上げがなければ会社（企業）はやってゆけない。商品やサービスが、売れて初めて従業員（社員、被雇用《ひこよう》者《しゃ》）たちの給料が払えるし、経営者自身の本当の利益も出る。経営者は、帳簿（決算書類）に表れない、別のあれこれの本当の利益を生み出して自分たちのものにする。しかし本書ではそのことは書かない。

　このようにお金が世の中をぐるぐる回ることで会社が儲《もう》からなければ、企業経営は成り立たない。だからとにかく売り上げがなければならない。会社にとっては売り上げがすべてだ。極端に言えば、売り上げさえあれば、利益なんか出なくても構わない。売り上げ（総収入）さえあれば、会社の中をお金がグルグルと回る。社員の給料と諸経費（企業会計で損金《そんきん》と言う。その反対が益金《えききん》）が払える。

図表 6

四柱推命学の本場、中国の原典『滴天髄《てきてんずい》』『子平真詮《しへいしんせん》』『淵海子平《えんかいしへい》』などがある

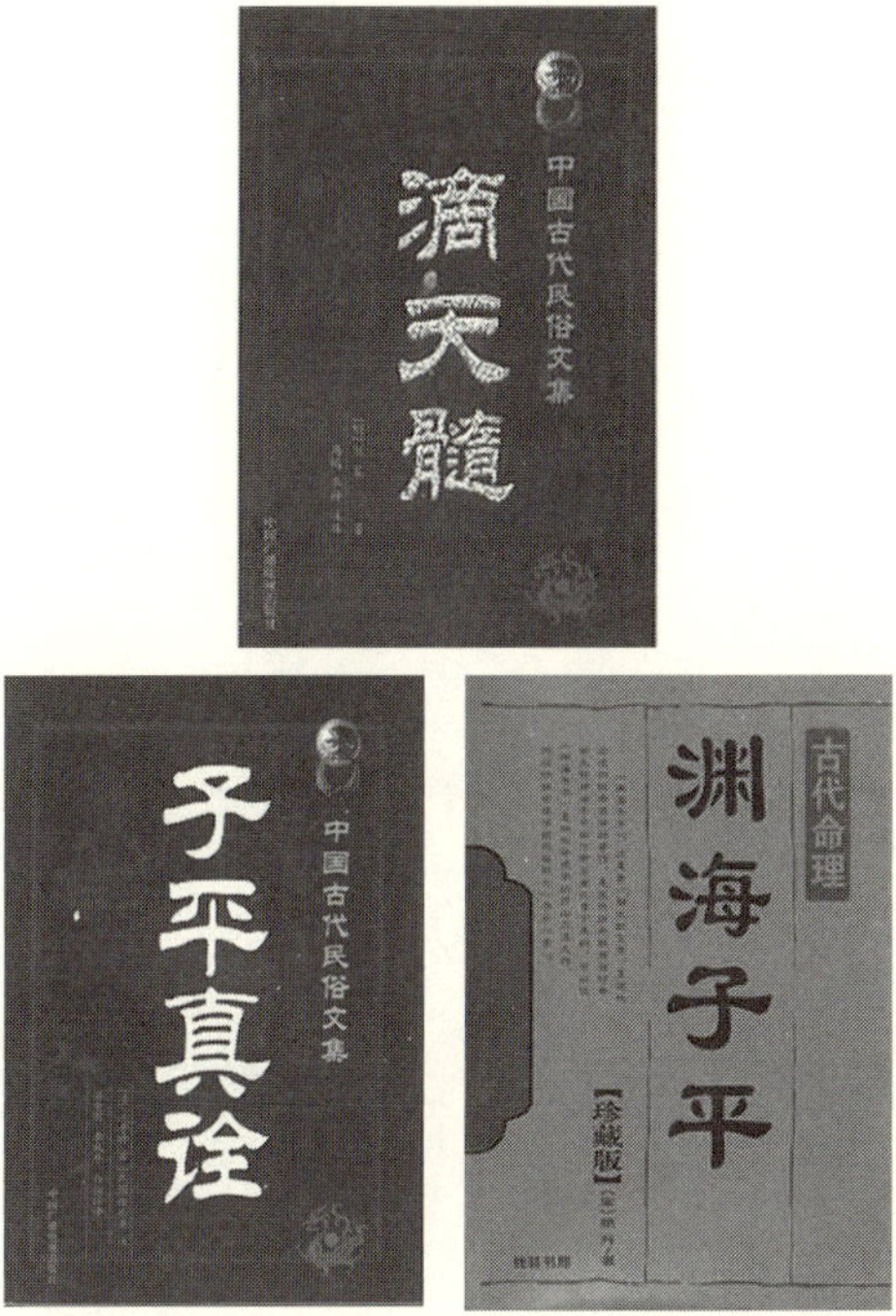

四柱推命は元々の本場の中国で『命書《めいしよ》』を書いた李虚中《りきよちゆう》を創始者とする。大成者を除子平《じよしへい》という。だから今では中国では四柱推命のことを「子平」と呼ぶ。

利益なんか二の次で、売り上げがすべてだ。大不況の時ほど「粗利益率の改善」など二の次で、とにかく売り上げである。利益の出ない赤字《あかじ》経営が3年間くらい続いても企業は平気である。そういう会社が大企業を含めて、実際にたくさんある。

だから経営者は売り上げのことばかり気にする。ところが、従業員たちは、いくら経営者が「売り上げ、売り上げ」と尻《しり》を叩いてもピンとこない。従業員は突き詰めれば毎月の給料さえ、ちゃんともらえればいい。「会社員は給料のために働いている」というのも真実である。従業員（会社員）が「会社のために働く」と言うと、どこか嘘《うそ》くさい響きがある。このことは皆、実感でわかっている。経営者の方は、なんとか売り上げを確保しようとしてもがき苦しむ。だから彼らは占いに走る。占いとは、ずっと書いてきたとおり、近《きん》未来予測（をしてもらうこと）だ。経営者たちは女性と同じで占いに夢中になる。

政治家もそうだ。政治家も言ってみれば、「国家の経営者」である。あれこれ難題を抱えて、それらの決済《けっさい》の印鑑（および署名）を自分でつかなければならない。どんなに無能な政治家（議員や市長）でも、国民・市民の重要な生活の問題についての重苦しい決断をしなければ済まない。すべてのことで悩み苦しむように世の中はできている。

政治家たちは国民みんなの代表（リプレゼンタティブズ representatives）であるから、

常に注目されて見守られている。そんな息苦しい生活がイヤだったら、みんなの代表＝政治家をやめてしまえばいいのだ。

ところが、人には名誉欲や出世欲や権力欲があるから、一旦《いったん》手に入れた地位にしがみついて放したくない。三選、四選と老残《ろうざん》の見苦しさを見せながらも権力の座にとどまろうとする愚か者もいる。だから政治家（権力者）も占いに走る。

世界中の政治家で秘かに自分の信頼する霊媒師《シャーマン》や占星術師《アストロシャン》を抱えている政治家は今もたくさんいる。1980年代のアメリカのレーガン大統領とナンシー夫人が霊媒師に頼っていた話は有名だ。一昨年、私はモンゴル共和国に行ったが、ロシアのプーチン首相も、お忍びでモンゴルまで来て、高僧のラマ（チベット仏教である）や高位のシャーマンに占いをやってもらうそうである。そのように現地で聞いた。

フランス国王アンリ2世と妻のカトリーヌ・ド・メディシス（イタリアのメディチ家の出身）王妃は、ノストラダムスを召し出して王国お抱えの占い師とした（1555年）。そして二人で彼の予言を心底信じた。

日本でも「ノストラダムスの大予言」は有名である。ノストラダムス（Michel Nostradamus 1503～1566）の予言のコトバは『詩編《しへん》』として今に伝わっているのだが、なかなか解読できないそうである。彼の生涯を正しく日本人に説明する本はまだ出版されていない。彼によって人類の破滅の年とされた西暦1999年はハズれたが、どうもイエス・キリストの生誕の年からよりも死去（昇天）の年を基準にすると、1999年＋36年＝2035年で、まだ時間がある、と考えることもできる。ノストラダムスは大きく誤解されたままである。私は彼を復活させたいと考えている。

だから経営者たちで占いに凝《こ》ったり、新興宗教に嵌《は》まる人は多い。なぜなら、毎日、不安で不安で仕方がないからだ。先のことがわからない。これから世の中がどうなるかわからない。企業経営は一寸先は闇である。いつ契約やプロジェクト（投資計画）に失敗して、大損するかわからない。安全確実に儲けが出ると思っていたのに、儲けどころか、出費だけがかさんで、その事業から撤退するしかなくなる、ということも多い。甘い事業計画を立てて、ドンブリ勘定でいい加減な考えで、駅前商業ビルや幹線道路沿いに店舗や工場を立ててしまって、それで5年後には、もう採算がとれなくなって安値で売り払わなければならない（これを「損切り《そんぎ》」と言う）ことも起きる。

どこにどれだけの危険が潜んでいるかわからない。先（近未来《きん》）のことはほんの二、三年先のことだってわからない。「一寸先は闇」とか、いつ崖《がけ》から落ちるかわからない」と言う。経営者、事業家は悩む。だから占い師に頼る。あるいは未来予測（予言）がよく当たると評判の立っている金融・経済の評論家のセミナーに顔を出す。

サラリーマンが占いをすべき理由

経営者というのは、野生動物と同じだ。エサは自分でとってくるしかない。他の人が持ってきてはくれない。いつ他の動物にガブリと食べられてしまうかわからない。そのようにして山の中をエサを求めて動き回っている動物と同じである。

だから、私が出会った多くの経営者の中には、見るからに獰猛《どうもう》な全身が猪《いのしし》のような経営者たちがいる。きっとギャンブル（博打《バクチ》）も大好きだし、女も好きだと思う。当たり前と言えば当たり前である。

私は当たり前のことしか書かない。当然で自然で、どう考えても、そうとしか考えられないことを書く。そうすると、必ず、ケチくさい、つまらない社会常識とぶつかることになる。それはだいたい「決まりを守れ」とか、「（人に）差別的なコトバを使ってはならない」とか、「ものごとの道理をわきまえろ」とか「（あれこれの）申請書や許可願いを監督《かんとく》庁《ちょう》に提出せよ」という考えに出くわすことになる。

それらのくだらない考えは、だいたい役所や官僚たちが作り出して、「お達し」の形で、世の中（実社会）に強制するものだ。それらの役人根性の穢《きたな》い規制に反対し、統制《コントロール》を打ち破ってゆくのが、本物の経営者たちである。だから私は、裸一貫で叩き上げの経営者や資産家たちが大好きである。いわゆる「オーナー社長」である。

それに比べて、サラリーマンがそのまま出世してなったような経営者たちはつまらない。話していても、おもしろくない。慇懃《いんぎん》無礼《ぶれい》が背広《スーツ》を着て歩いているような人間たちだ。彼らは自分の本心を明かさない。そつなく抜け目なく、社内や組織内の出世競争を勝ち抜いてきた人間である。

こういう大企業エリートサラリーマンたちは、絶対に占いや呪《まじな》いはやらない。それなりの勉強秀才だった者たちだから、少年時代から現代科学教育と試験勉強で頭がクルクルパーになっている者たちだ。このクルクルパーというのは差別用語で使ってはいけないのかどうか、私にはわからない。

だから私は、女と経営者の真似をしてサラリーマンの堅物《かたぶつ》の男たちも占いをやるべきだとこの本で説いているのである。占いをやって、自分の近未来の運勢を見てもらうべきである。それと同時に、「これから先、世の中はどうなるのか、世界の動きはどうなるか」

を考える癖をつけるべきである。この近《きん》未来予測（占い）のために、それなりのお金と時間を投入するべきなのだ。

サラリーマンの男たちの大半は、女と経営者、資産家たちが大好きである占いをやったことがない。女子社員たちがヒソヒソと占いの話をしているのを、チラと見聞きしながら、鼻で笑っている。「非科学的で」バカな連中だと軽く無視している。その態度がいけないのである。今や（いや昔から）女と経営者たちの占い好きのほうがずっと正しい。時代のトレンドはこっちである。サラリーマンでも幹部になって、売り上げと利益のことを、社長と同じくらい心配しなければならない立場になったら、「その日のエサ（売り上げ）を自分でどこかから獲得してくる」しかない野生動物と同じような感性になってゆく。必ずそうなる。

鳥でも猿でも鹿でも野生の動物は、人間に対してまったく卑屈にならない。人間を小馬鹿にしたようにして、山野を逃げ回る。それに対して、根っからの飼い猫や飼い犬はダメだ。一日中、ゴロゴロして、一日に2回か3回、必ずエサがもらえると思っている。いわゆる飼い殺しである。サラリーマンで（特に公務員たちはそうだ）この飼い殺し状態で、黙っていても給料がもらえると思っているような人間がたくさんいる。

ちなみに経営の才能、すなわち金儲けの才能は、もって生まれたものである。生まれた時から経営の才能のある者は決まっているのだ。大学の経済学部や経営学科（ビジネス・スクール）を出たから経営者になれるのではない。経営（金儲け）の才能は先天的なものである。断じてそうである。それは歌手やスポーツ選手や芸術家の才能が生まれながらのものであることとまったく同じである。

私はこのように断言して決めつけてまったく動じない。だから経営の才能のない息子を会社の跡継ぎ社長にしてはダメだ。その息子は必ず会社を潰す。

第二章 占い学の王道、四柱推命と九星術

四柱推命の大本「陰陽五行」は5つの惑星の動きを指す

占い・呪《まじな》いとは何か。

それは中国の古代の周の王朝（帝国）の周易《しゅうえき》と呼ばれる易学から始まった。それはまさしく今の天文学につながる陰陽五行《いんようごぎょう》の思想がもとになっている。

「陰陽《いんよう》」とは、それぞれ「月」と「太陽」のことだ。陰《イン》が月（the moon）のことで、陽《ヤン》が太陽（the sun）のことだ。太陽（お日様、お天道《てんとう》さま）とは、陽《ヤン》の太《はじ》まりという意味だ。陽気《ようき》なるものの太初《たいしょ》の始まりが太陽である。それに対して陰気《いんき》の素《もと》が月である。陽は明るくいつも外側に表れている気《き》である。それに対して、陰は人間の体内にこもって隠れている気《き》である。たいていの場合、陽は男性を表し、陰は女性を表す。しかし気《き》（学《がく》）において、人間の力の源である気《き》を生み出す元《もと》（だからこれが元気《げんき》）を持つのは女性である。男性で気を生み出せる人はきわめて少ない。船井幸雄《ふないゆきお》氏がそのように言っていた。だから男性は女性の体を触って気をもらい充電するしかないのである。

「五行《ごぎょう》」とは、5つの惑星（プラネット planet）のことだ。その運行のことだ。私たちが毎日使っている「月、火、水、木、金、土、日」のうちの月（げつ、つき）と日（にち、

図表 7

太陽を中心とした惑星の並び

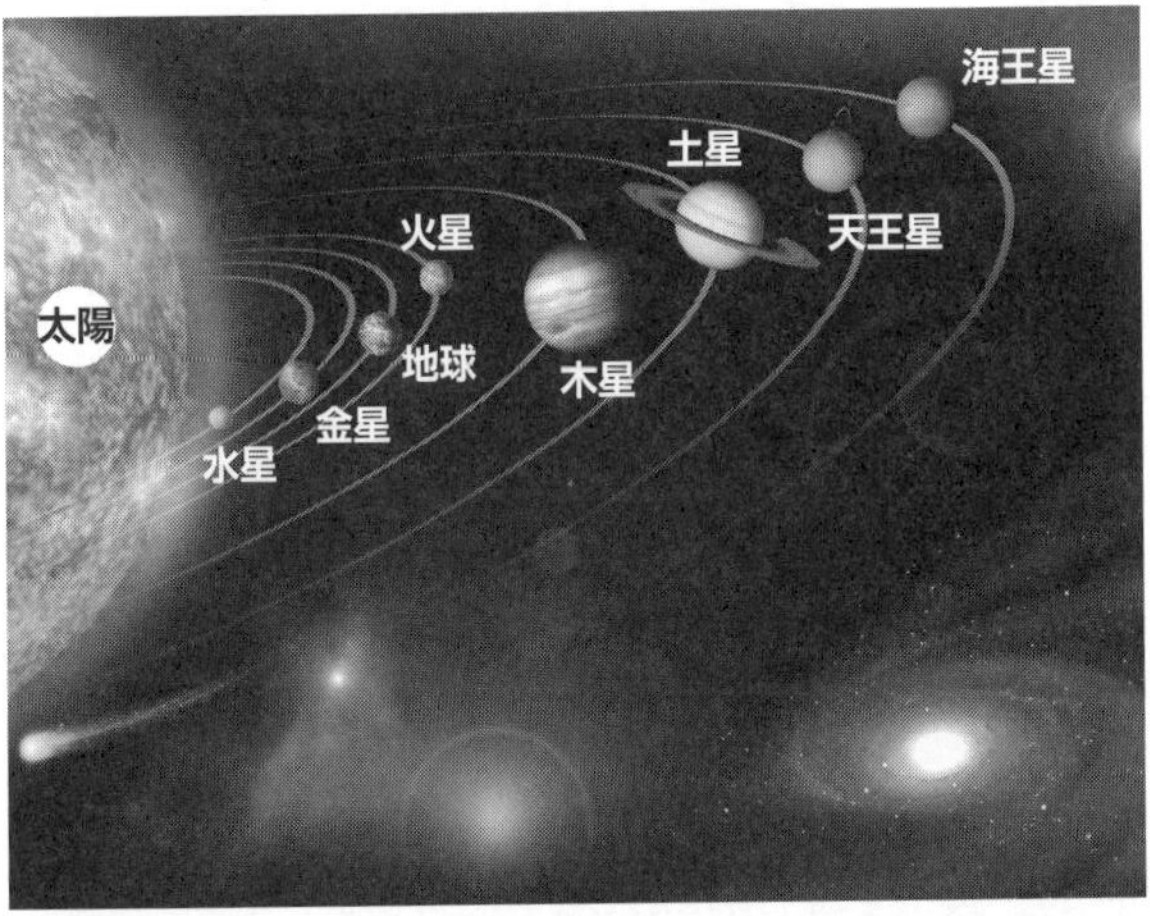

©SCIENCE PHOTO LIBRARY/amanaimages

地球は太陽系の第３惑星である。太陽に近い方から「水《すい》、金《きん》、地《ち》、火《か》、木《もく》、土《ど》、天《てん》、海《かい》」と覚える。このことと「陰陽五行」での「木《もく》、火《か》、土《ど》、金《ごん》、水《すい》」（P.87にあり）は、同じことだが覚え方が違う。

太陽）のほかに、水星（Mercury マーキュリー）、金星（Venus ヴィーナス）、火星（Mars マーズ）、木星（Jupiter ジュピター）、土星（Saturn サターン）の五星《ごせい》の動きのことである。図表7のように、太陽から見ると、水、金、地（地球）、火、木、土となる。

これら**五星**のうちの、金星と火星は、私たちは晴れた日の天空で夕暮れ、あるいは明け方に強くひかり輝く2つの星として見ることができる。地球に近いからだ。だから「五行」とは、この5つの惑星が毎夜、少しずつ移動して夜空で運行することを指している。陰陽五行とは、「水、金、（地を除く）、火、木、土の5つの惑星の行《ぎょう》（動き）」を観察し研究することである。これに月と太陽の動きを加えたもののことである。

毎日、夜空を観測しているとわかることだが、この5つの惑星が一日に少しずつ動くこの動きだけが、人間（人類）にとっての唯一の原理である。変わらないものである。そのようにして５０００年間が過ぎ去った。このことは人間に動かし得ない真理であった。だから古代からずっと地上のすべての文明《シビライゼイション》でこの五行が観察された。

そのようにすべての文明の天文博士《てんもんはかせ》たちによって観測され、記録され、それらの五星の動きの謎を必死に解明しようと努力がなされてきた。この5つの天体《てんたい》（セレスチャル・ボディ celestial bodies）の運行の法則性（ルール）を解明するために、人類は５０００年

図表 8

たとえば火星の場合の動き
順行《じゅんこう》と逆行《ぎゃくこう》

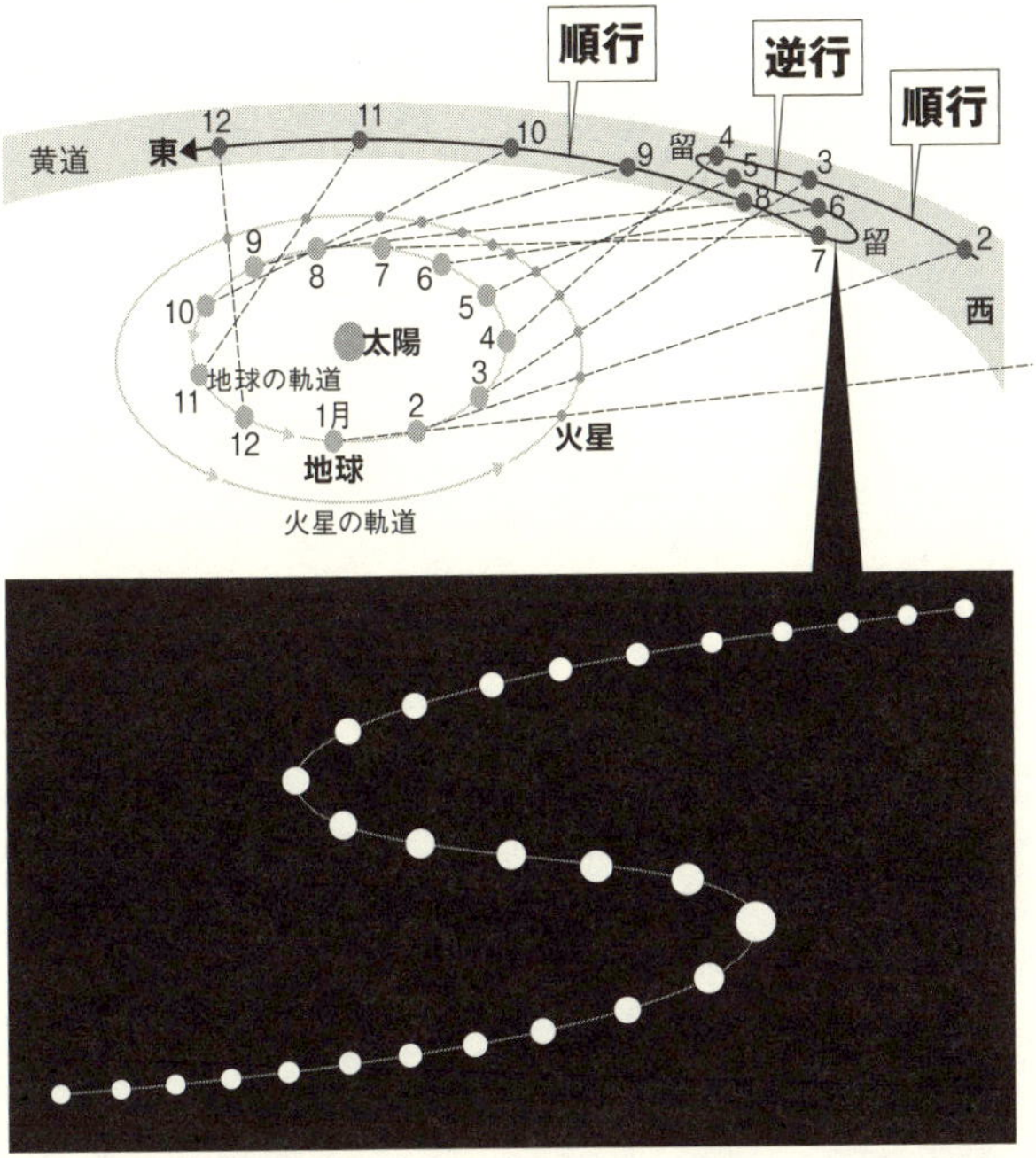

5惑星は地球から見ると

大きなSの字形で動く。

ここから陰陽五行《いんようごぎょう》が始まった。

間を使った。それが、500年前のオランダのノストラダムス（1503〜1566）らによって、西洋占星術となった。星占いの学問である。西洋占星術（アストロロジーastolology）は、主に星座（コンスタレイション constellation）を中心に行う。それに対して東洋のとりわけ中国の占星術はもっぱら前述した「五行《ごぎょう》」の学問となった。すなわち、5つの惑星の動き（軌道《オービット》）の研究を中心とする。だから西洋と東洋ではそれぞれの吉《きっ》凶《きょう》の割り出し方が違う。

そして、ノストラダムスの死から43年後の西暦1609年に、ガリレオ・ガリレイ（1564〜1642）が自分の手製の望遠鏡（テレスコープ）で、「木星の4つの衛星」を観測、目視（目撃）してしまった（これを発見という）ものだから、大変な騒動になっていった。1633年には、ガリレオは宗教裁判（オーディール）にかけられて、ローマ教会（カトリック）から弾圧されて、あやうく火《ひ》炙《あぶ》りの刑（焚刑《ふんけい》）に処されそうになった。それをメディチ家が救った。ガリレオは異《い》端《たん》（ヘレティック heretic）ではなくて無神論者（エイシイスト atheist, atheism 無神論）として断罪されようとしたのだ。このガリレオ（それよりも90年前の1543年のコペルニクスの「天体の回転について」の出版が始まり）の努力が、近代天文学（近代学問《モダン・サイエンス》、科学）を作った。

ところが、それから400年たった21世紀の今では、今度は近代（現代）科学《モダン・サイエンス》の方が、どんどん怪しくなっている。「自分は科学的だ」と主張する人々の方が反動的、権威的な人々になりつつある。

この「五行《ごぎょう》」（5つの惑星《プラネット》の動き）の公転周期《こうてんしゅうき》はそれぞれ各所で観測された。惑星の公転周期は現在でも認められていて、中学校時代の理科で習うことになっている。しかしそれは太陽を中心に見た動きである。再び地球（人間たち）を中心に置いて見ると、まったく別の動きになる。

この世の中で変わることなく一定の法則性を持っているものだけが真理（トゥルース truths）である。他の文明と同じく古代の中国で観測された「五行」の5つの惑星の動きが星占いの原理となった。

この5つの惑星の動きを定点で毎夜観測して、その動きを紙の上に記録した。それが世界中の天文博士たちの何千年も続いた仕事であった。文明（シビライゼーション civilizations）がこの地上の4つ（あるいは5つ）の場所でほぼ同じ時期に起こっている。この人類5000年の間で、世界の主要な都市（それぞれの古代帝国の帝都《ていと》）でほぼ同じ結果がわかられていたはずなのである。

この「水、金、(地)、火、木、土」の5つの惑星の点の移動は線となり、その軌跡(運行の図、軌道線、オービット)は、総じて夜空の天空に大きくS(エス)の字形を左右に押し広げたような図柄(図形)となる。P.47(図表8)のとおりだ。

細かく観察すれば巨大なジグザグを描くZ形と言ってもよい。私たちの地球(地上)から見ると、これら5つの惑星の動きは、ひとつずつが、天空に各々の大きなSの字の形を作るのである。このことは四大文明以外のエジプト文明であれ、マヤ文化であれ、インカ文化であれ、それぞれの古代の天文学者(天文博士)たちによって観測され、世界共通でまったく同じ図を作ったはずなのである。なぜなら、世界中(この地上)のどこで見ても、五行(5つの惑星の動き)はまったく同じであるからだ。それを人類はやり続けて今に至る。この天文図のことを「惑星の視運動《しうんどう》」という。地球から見た5つの惑星の動き、すなわち「五行《ごぎょう》」である。この五行が、中国で四柱推命《しちゅうすいめい》などの運勢占いの占術となった。四柱推命は、8世紀の唐の時代(大唐帝国)の李虚中《りきょちゅう》によって大成された。

東洋(中国)の四柱推命と西洋の西洋占星術

運勢占いの主要なひとつである四柱推命は、中国で生まれた陰陽五行《いんようごぎょう》をもとに作られている。生まれた人の命運を「年、月、日、時」の4つの柱に分けて、それぞれの人の、生まれた年、月、日、時刻の「4つの柱」で、その（運）命を推《お》し測《はか》る。すなわち「四柱（で）推命」する。この4つの柱に各々の人の干支《かんし》のうちのひとつを当てはめてその人の運勢を推命する。四柱（年、月、日、時）に干支《かんし》を結び合わせることで、「その人がどのような星の力の下に運命づけられているかを占う（予測する）。

この干支を「かんし」と呼ばず、日本では長い間「えと」と読みます。「え」が「兄」で「と」は「弟」らしい。今年（2011年）の干支は卯（うさぎ）です。そしてより正確には「辛（金《か》の弟《と》のほうの）辛卯《かのとう》の年です。自分の60干支《えと》のうちの干支を各々、P.71の表で確認して覚えてください。

昭和28年（1953年）生まれである私は、癸巳（みずのとのみ）です。私はヘビ年の巳《み》です。十二支《じゅうにし》の動物の干支は、今でも日本人は誰でも知っていますが、これの頭に十干《じっかん》を組み合わせた60干支となると、もうほとんどの人が、今では自分の干支を言えません。これを知らないと四柱推命《しちゅうすいめい》も算命学《さんめいがく》も九星術《きゅうせいじゅつ》（九星気学《きゅうせいきがく》）も何も占いができないのです。自分の六十干支さえも知らずして、星占いが大好きだと言い、長年、星占いに凝って街の占い師に見てもらう（占ってもらう）のが大好きだ、という女性たちはちょっと問題です。

四柱推命は、この年月日時の四つの柱に60干支の干支を当てはめて、今年や来年のその人の生まれもった運命を推し測ります。ですから、これが「推《すい》命《めい》」です。「推命」とは「運命を推《お》し測《はか》る」ことです。この四柱推命は中国で生まれて日本化したもので、その土台はやっぱり陰陽五行であり、これがすべてです。

この本の著者である私が四柱推命を占ってもらった結果は、第四章のP．94からP．111に載せたとおりです。それに細かく解説をしました。本当によく当たっています。私は四柱推命を信じるようになりました。みなさんもぜひ、街の占い師に一度でいいですから、3000円とか5000円出して占ってもらってみてください。私は、今年（2011年）と来年（2012年）が**大殺界《だいさつかい》（空亡《くうぼう》）**でした。

アリストテレスの四元素説と中国の五元素説

ここからは天空の五星のことではなく、それと対応した私たちのこの地上の5つの元素《げんそ》のことを説明します。それが木《き》と火《ひ》と土《つち》と金《かね》と水《みず》です。「木《もっ》火《か》土《ど》金《きん》水《すい》」と覚えてください。

古代ギリシアの偉大なる思想家（哲学者、フィロソファー）だったアリストテレス（B.C.384～B.C.322）は、この地球上にあるものを4つの元素としました。これを「アリストテレスの四元素論」と言います。それは、**火と水と土と風（空気）の4つ**です。この四元素と中国（あるいは、メソポタミア、およびインドも）の文明では「五元素」説を採《と》ります。だから、それは木、火、土、金、水の5つです。

古代ギリシア（紀元前4世紀）のアリストテレスの四元素と、東洋の五元素も大きく言えば同じことでしょう。アリストテレスが風（空気）としているのに、陰陽五行（道教《どうきょう》の中に取り込まれた易学《えきがく》）では、木《き》と金《かね》としています。残りの3つの、火と水と土はどちらも同じです。

そして後述しますが、現在の学問である高校の化学《ケミストリー》で私たちが習った「メンデレエフの元素周期表」（P．61にあり）も、もともと遡《さかのぼ》れば、この木、火、土、金、水の四元素、五元素という考え方と同一です。現在の「元素記号表」が科学的（サイエンティフィック scientific）で、昔からの五元素は幼稚でありウソだ、と考えるのは、それこそ愚か者の考えです。私たちは五元素説に戻っていいのです。何でも難しくすればいいというものではありません。

九星術（九星気学）も陰陽五行と直結している

中国から日本にやってきた、四柱推命と同じ星占い（陰陽五行）系であるものに九星術（九星気学）があります。九星気学もまた陰陽五行に直結しています。四柱推命よりも九星気学の方が、より根本的な占い学であり、ここからほかの占い学が少しずつ変形しながら生まれたと言ってよいのです。

自分の運勢の「吉」と「凶」を調べて、最も簡潔に即座にわかりたかったら、まずどうしてもこの「**九**《きゅう》**星**《せい》**盤**《ばん》」（図表9、P．64）という考えを理解してください。占いの当たりはずれ、はともかく、近代サイエンス（科学）とは違うといいながらも、どうして、なかなか科学的な考え方から生まれています。

この世の万物を前述した木、火、土、金、水の5つの要素に分けた、というのはものすごく重要です。人間の脳というのは、物事をまず2つに大きく分けて考えます。「右と左」とか、「正義（善）と悪」とか、「良いと悪い」とかです。その次に4つか5つくらいにやや多めに分けて考えるようになっています。それがさらに倍になれば10とか12になります。しかしそれ以上、複雑な組み合わせには私たちの脳が耐えられないのです。

人間は物事をまずたった2つに分けることしかできません。それは「いいと悪い」です。

図表 9

これが
九星盤《きゅうせいばん》である

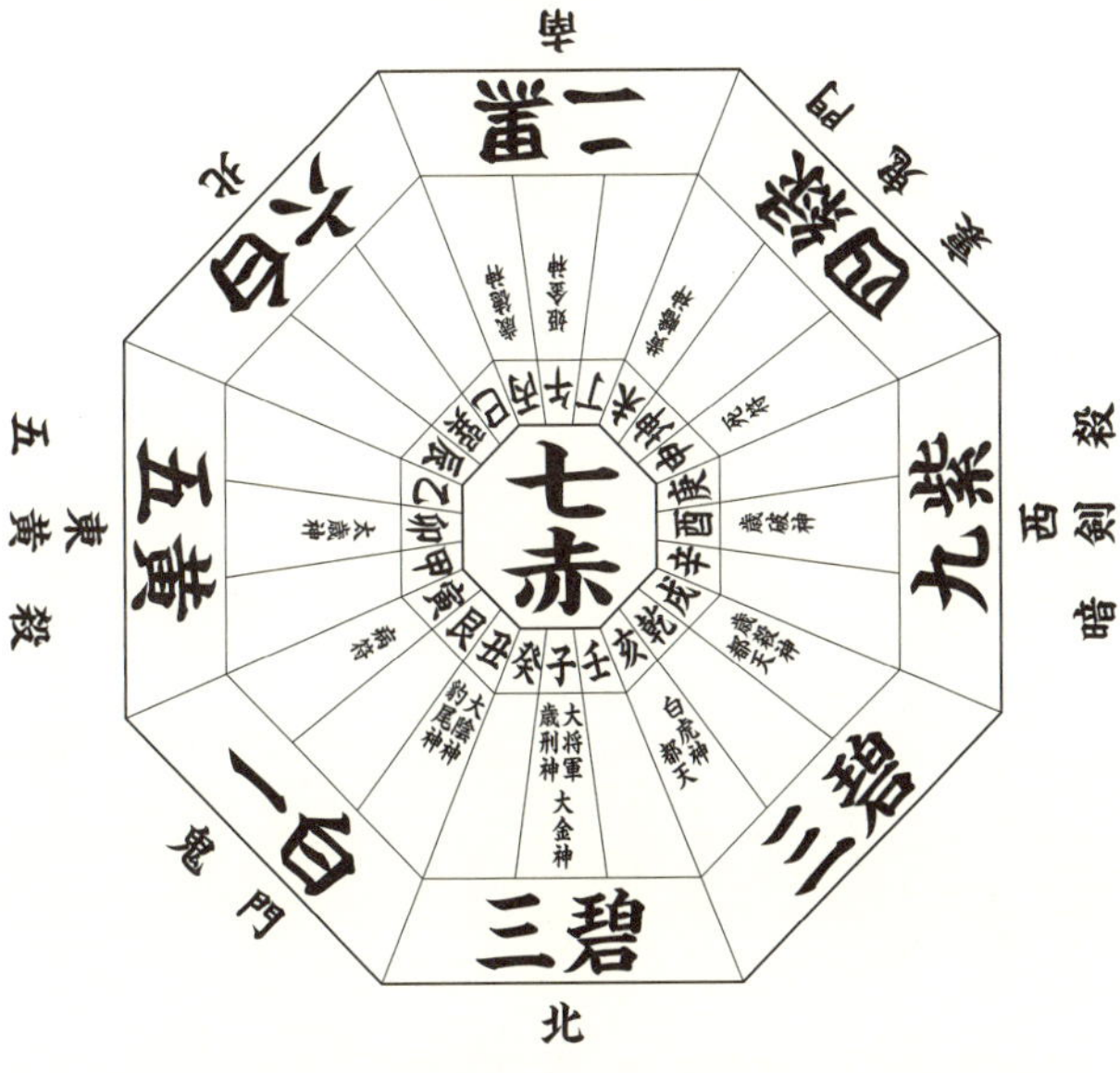

（出典：『平成二十三年神宮宝暦』高島易断本部編纂）

これが今年、2011年九星盤である。この年に生まれた人の本命星《ほんめいせい》である七赤《しちせき》金星《きんせい》が真ん中に置かれている。詳しくは第三章の説明を読んでください。

今日のコンサートは「おもしろかった／つまらなかった」とか、あの料理は「おいしかった／まずかった」の2つで判断します。それ以上の細かいことはあまり言いません。言ってもどうにもならないからです。あるいは好きか嫌いか。相性《あいしょう》がいいか悪いか、などのように人間の脳はできています。これを二分法（ダイコトミー）とか二元論（デュアリズム dualism）と言います。物事はすべて簡単に言えば、「好き」か「嫌い」か、あるいは「善」か「悪」か、などの二つに分かれるしかないのです。これは古代バビロニア（いまのバグダッドのそば）で生まれたゾロアスター教という特異な宗教が強烈に持っていた性質です。ゾロアスター教（のちのマニ教）は拝火教とも呼ばれ火祭りが大好きです。

この二分法が少し複雑になると、5つの要素か元素になる世界ということになります。だいたい世界中どこにいっても、4要素、5元素という考えは成り立ちます。だから古代ギリシアでは、空気と土と火と水の4つに分け、アリストテレスの四元素説です。

東洋の中国ではこれが、木《もっ》・火《か》・土《ど》・金《きん》（ごん）・水《すい》になりました。そして同時に、この地上の5つの元素（要素）は、そのまま天空（宇宙）を運行する5つの惑星《プラネット》である水、金、（地は自分だから見えない）、火、木、土の5星とまっすぐに結びつきます。そうやって、陰陽五行説が生まれました。

図表 10

この巨石に日本の
最大の秘密が

熊野《くまの》三山の1つ、熊野《くまの》（新宮《しんぐう》）速玉大社《はやたまたいしゃ》の本当の奥の宮である神倉《かみくら》神社のご神体である「ゴトビキ岩」の前で。

私たちの周囲にある5要素と、5つの惑星の動き（五行）の間に強い関係があると決めつけたこと、ここに重要な意味があります。この五行が12匹の動物とか、12年間の周期とかを当てはめた十二支《じゅうにし》と10年間の周期を当てはめた十干のそれぞれに対応している。その十二支と十干の組み合わせ60干支ができています。それがP．88の表です。

これらを「古代科学（エインシャント・サイエンス　ancient science）」と呼んでもいい。科学（サイエンス science）とは、合理（ラチオナリズム rationalism）のことです。合理《ラチオ》ということの別名です。科学とは「理屈にあっているものならすべて許す（認める）」ということです。ある人の考えを迷信だとか邪推だとか、歪《ゆが》んだ考えだとか決めつけてはいけないのです。その人が強固に「この私の考えは筋が通っているのだ」と主張する場合には、それに耳を傾けてあげることが少なくとも必要です。

本当の科学的精神というのは、「疑う」ということです。この世の中の一切のことを「敢《あ》えて改めて疑ってみる」ということです。何でもかんでも頭から信じ込まない、ということです。学校で教える教科書の中に書かれている「これらが真実だ」ということも、本当はかなり怪しいのです。科学的だ、学問的だ、と言って威張っている人たちが、私たちにおしつけてくる（試験問題の解答とか丸暗記させる知識とか）知識は、どうも、おかしい。それらを疑ってみることの方が本当に科学的なのです。

と同時に「科学と宗教はそれぞれ別個のものであって、それぞれ互いに棲《す》み分けて、互いに共存している」というような甘ったれたことを平気で言うような学者、知識人はおかしな人々だ。科学と宗教（非科学）は別物だ、も何も、現在では、どうやら体制的な科学の方こそ宗教である。科学の方が宗教（狂信）に変質しているのではないかと考える方がまともだ。現在科学（者たち）はかなりオカシクなっている。

だから私は、中国の易学として生まれた「陰陽五行《いんようごぎょう》」の思想を作った素朴な天文学（東洋の占星術）と、そこから生まれた運勢占い（占術《せんじゅつ》）が、ずっと素朴で素晴らしい。こっちの方が今の私たちの生活を強く支配しているのだと考えるようになりました。占いや呪《まじな》いを迷信だ邪教だと言って排斥してみても、民衆、とりわけ女性は絶対に言うことを聞きません。占いの知恵は連綿と民衆の中に生き残っています。

メンデレエフの元素記号と五元素の結びつき

四柱推命だけでなく九星気学がわかれば、これが陰陽五行としっかりと結びついていているから、いちばんがっしりした中国５０００年の伝統と直結できる。しかも、同じ漢字

（中国文字）で今の中国人ともわかりあえる。中国人は現在もどうやらすべてこれらをもとに考えているらしい。共産（主義が支配する）中国というのは表面だけです。だから、この九星盤《きゅうせいばん》が日本に入ってきて、魔方陣《まほうじん》（P．68）という考え方に変形しているようですが、私はこのまま学びます。

九星盤は前述したメンデレエフが作った元素記号表と同じようなものであり、その元祖であり、原形になる考え方です。元素記号表の方は高校のサイエンス（物理学と化学と生物学と地学）の4つの学問の基本になっています。

「**スイ**（H 水素）・**ヘイ**（He ヘリウム）・**リー**（Li リチウム）・**べ**（Be ベリリウム）・**ボ**（B ホウ素）・**ク**（C 炭素）・**ノ**（N 窒素）・**オ**（O 酸素）・**フ**（F フッ素）・**ネ**（Ne ネオン）・**ナー**（Na ナトリウム）に**マグ**（Mg マグネシウム）・**アル**（Al アルミニウム）・**シッ**（Si ケイ素）・**プ**（P リン）・**ス**（S 硫黄）・**クラ**（Cl 塩素）・**アー**（Ar アルゴン）・**ク**（K カリウム）・**カ**（Ca カルシウム）……」などと覚えさせられました。

今の高校生もやっているでしょう。これでこの世の万物（物質）はできていることになっています。私たちの周りのこの空気は、水素、酸素、窒素、二酸化炭素などがまじっています。5分の1が酸素で5分の4が窒素だ。これが基本要素です。

図表 11

元《げん》素《そ》周《しゆう》期《き》表《ひよう》。メンデレエフが1869年に作り始めた

- 典型非金属元素
- 典型金属元素
- 遷移金属元素

	1族	2族	3族	4族	5族	6族	7族	8族	9族	10族	11族	12族	13族	14族	15族	16族	17族	18族
1	1 H 水素																	2 He ヘリウム
2	3 Li リチウム	4 Be ベリリウム											5 B ホウ素	6 C 炭素	7 N 窒素	8 O 酸素	9 F フッ素	10 Ne ネオン
3	11 Na ナトリウム	12 Mg マグネシウム											13 Al アルミニウム	14 Si ケイ素	15 P リン	16 S 硫黄	17 Cl 塩素	18 Ar アルゴン
4	19 K カリウム	20 Ca カルシウム	21 Sc スカンジウム	22 Ti チタン	23 V バナジウム	24 Cr クロム	25 Mn マンガン	26 Fe 鉄	27 Co コバルト	28 Ni ニッケル	29 Cu 銅	30 Zn 亜鉛	31 Ga ガリウム	32 Ge ゲルマニウム	33 As ヒ素	34 Se セレン	35 Br 臭素	36 Kr クリプトン
5	37 Rb ルビジウム	38 Sr ストロンチウム	39 Y イットリウム	40 Zr ジルコニウム	41 Nb ニオブ	42 Mo モリブデン	43 Tc テクネチウム	44 Ru ルテニウム	45 Rh ロジウム	46 Pd パラジウム	47 Ag 銀	48 Cd カドミウム	49 In インジウム	50 Sn スズ	51 Sb アンチモン	52 Te テルル	53 I ヨウ素	54 Xe キセノン
6	55 Cs セシウム	56 Ba バリウム	57~71 ※1 ランタノイド	72 Hf ハフニウム	73 Ta タンタル	74 W タングステン	75 Re レニウム	76 Os オスミウム	77 Ir イリジウム	78 Pt 白金	79 Au 金	80 Hg 水銀	81 Tl タリウム	82 Pb 鉛	83 Bi ビスマス	84 Po ポロニウム	85 At アスタチン	86 Rn ラドン
7	87 Fr フランシウム	88 Ra 水素	89~103 ※2 アクチノイド	104 Rf ラザホージウム	105 Db ドブニウム	106 Sg シーボーギウム	107 Bh ボーリウム	108 Hs ハッシウム	109 Mt マイトネリウム	110 Ds ダームスタチウム	111 Rg レントゲニウム	112 Cn コペルニシウム						

※1 ランタノイド	57 La ランタン	58 Ce セリウム	59 Pr プラセオジウム	60 Nd ネオジウム	61 Pm プロメチウム	62 Sm サマリウム	63 Eu ユウロピウム	64 Gd ガドリニウム	65 Tb テルビウム	66 Dy ジスプロシウム	67 Ho ホルミニウム	68 Er エルビウム	69 Tm ツリウム	70 Yb イッテルビウム	71 Lu ルテチウム
※2 アクチノイド	89 Ac アクチニウム	90 Th トリウム	91 Pa プロトアクチニウム	92 U ウラン	93 Np ネプツニウム	94 Pu プルトニウム	95 Am アメリシウム	96 Cm キュリウム	97 Bk バークリウム	98 Cf カリホリニウム	99 Es アインスタニウム	100 Fm フェルミウム	101 Md メンデレビウム	102 No ノーベリウム	103 Lr ローレンジウム

私たちが高校の化学で習った元素周期表。現在は113番目の元素（物質）を認めるかどうかで争っている。元々の「木、火、土、金、水」の5元素説と共通している。

どうやら私たちの外側に広がる宇宙はどうもほとんどは水素とヘリウムでできているらしい。100億（光）年の先まで宇宙の果てのどこまで行ってもほとんどは水素らしいです。あるいは、プラズマと言って電子がドロドロになって充満している状態のようです。「ビッグバン宇宙論」というのはウソです。

あと一つ私が信じているのは電磁波《でんじは》です。宇宙は単純なものでできている。宇宙空間のほとんどは水素か電磁波でできているようです。今は元素は112個まで見つかっている。113番目のものは0・003秒で消えるそうだ。これらはアリストテレスの四元素説や五元素説と何が違うのか。複雑に発達、発展させただけのことだ。それらに水素、ヘリウム、リチウム……という名前をつけただけだ。

物質が星（天体《てんたい》）の中心で、どんどん固まると「元素転換《げんそてんかん》」してより重い物質（元素）に変わってゆく。星の中心部分は重くなっていく。中心で物質が生成されていく。元素転換が起きている。高熱で核融合反応を起こして、別の物質に変化していく。これらは「金《かね》」（金属類）になる。新しいものは要素が複雑になっただけだから、元の五元素に戻して考えれば、ものごとの大枠はつかめるのである。

第三章

九星盤《きゅうせいばん》を読み解く

九星盤の読み方——本命星を探す

そこで左の図表をよく見てください。九星盤の九星《きゆうせい》というのは、まずこの図のとおり方位が8方向ある。図のとおり8角形をしている。通常の地図と違い、北が下側にある。南が上側になっている。下の北の方から陽の光る南の方を見おろす形になっている。そして真ん中の中央が「自分のいる場所」である。ここをとりあえず**「五黄土星《ごおうどせい》」**とする。この五黄土星を中心に置いて、各々の9箇所に星を配置したものが九星盤です。重要なのは、星は動くということです。九星ですから、1年に1箇所ずつ動かすと9年周期で同じ場所に戻ってきます。九星の移動のルールも決まっています。

四柱推命では12年で1周とします。ですから12年に一度、**本命年《ほんめいねん》**（空亡。大殺界。天中殺とも言う）がやって来ます。実は、九星術（気学）は日本で完成しました。

まず自分の**「本命星《ほんめいせい》」**をP．71の早見表で見つけてください。自分の本命星が決まらないと（見つからないと）占いはできません。著者である私の本命星は**二黒土星《じこくどせい》**です。ちなみに細木数子さんが「あなたは金星人《きんせいじん》」とか言うのは、彼女が独自に発展させた理屈です。九星術では、「あなたの本命星は○○金星である」としか言いません。「金星人」とは使い

図表 12

万物を表す 九星盤《きゅうせいばん》

定位の状態にある

五黄土星《ごおうどせい》が真ん中にきている「定位」の状態にある九星盤。方位（東 西 南 北）と12支（12匹の動物）は変わらない（動かない）。九星だけが、年ごとに移動して運勢が決まる。

ません。

自分の本命星が中央にくるのが出発点になります。そこから、星が移動する順番は決まっています。みんな同じです。あなたが五黄土星でも九紫火《きゅうしか》星《せい》でも、すべての星が同じルールで動きます。P・65の九星盤にもう一度注目してください。なぜかというと、1つの星だけ勝手に動いて乱すものがいると、全体の移動に差し障りがあるからです。自分勝手に動かしてはいけません。

①中央→②北西→③西→④北東→⑤南→⑥北→⑦西南→⑧東→⑨東南→⑩中央、でもとに戻ります。これでひとつの周期です。1年でひとつ動きますから9年周期となります。ちなみに、北東（**艮**《うしとら》）の方角は、方位学では「**鬼門**《きもん》」とされます。鬼門とは文字どおり鬼が出入りする方角ということで、忌《い》み嫌われ畏《おそ》れられました。東京の江戸城から見て、北東＝鬼門である方向に、ですから日光東照宮を作りました。そうやって災難が襲って来るのを避けようとしました。そしてこの艮（うしとら、丑寅）のちょうど対角である南西を坤（ひつじさる、**未申**）と言って、**裏鬼門**とします。鬼門と同じく裏鬼門も不吉《ふきつ》とされます。九星術は方位《ほうい》学《がく》でもあります。

この9つの星の、星と星の関係は、陰陽《いんよう》や五行《ごぎょう》が持つ「相生《そうしょう》、相剋《そうこく》」の関係が深くから

図表 13

平成二十三年の厄年《やくどし》。要注意といわれる年齢

●一白水星《いっぱくすいせい》

平成二十年生
平成十一年生
平成二年生
昭和五十六年生
昭和四十七年生
昭和三十八年生
昭和二十九年生
昭和二十年生

●三碧木星《さんぺきもくせい》

平成十八年生
平成九年生
昭和六十三年生
昭和五十四年生
昭和四十五年生
昭和三十六年生
昭和二十七年生
昭和十八年生

●七赤金星《しちせききんせい》

平成二十三年生
平成十四年生
平成五年生
昭和五十九年生
昭和四十一年生
昭和三十二年生
昭和二十三年生

図表 14

「五黄土星《ごおうどせい》」が安定したスタートだ。九星盤から数字だけを取り出すと

〈定位《ていい》〉

4	9	2
3	5	7
8	1	6

五黄土星《ごおうどせい》

縦・横・対角線の合計がすべて15になる魔法陣《まほうじん》。完全な魔法陣はこの1通りだけだとされる。気《き》が最も安定してバランスがいい配置

〈崩れた状態〉

1	6	8
9	2	4
5	7	3

二黒土星《じこくどせい》

んできます。後述します。五行それぞれに9つの星が登場するのです。しかし、これらの星も動くときは、なるべく安定を保とうします。いちばん安定しているのは、右の図の上にあるような魔方陣（3×3の升目に1～9の一ケタの数字を入れて、その和＝合計が縦横対角線のすべてで15になるもの）になります。

九星は「数字＋色＋五行（惑星）」の組み合わせでできている

右ページの九星盤のとおり、その最初の魔方陣の位置に、九星の数字を対応させて入れます。なぜかというと、中国人は、数字にもエネルギー（力）があると考えているからです。エネルギーというのは、全体のバランスが良いほうが良い。エネルギー（本当は気《き》の力）が過剰になると、たとえば、9＋8＋7のように数があまりに大きくなると、災害をもたらしたり、余計なことを引き起こすと考えられる。

ちょうど15がバランスがいい。9＋8＋7は24にもなるから、プラス9の分だけ何か悪いことをもたらす、と考える。ただし15そのものに特別な意味があるわけではない。定位《ていい》ということばがあります。「五黄土星」が真ん中にある状態を定位といいます。これが基本形です。いちばんエネルギーのバランスがいいという状態です。

図表 15

九星《きゅうせい》は

数字＋色＋五行　でできている。

一	白	水星	いっぱくすいせい
二	黒	土星	じこくどせい
三	碧	木星	さんぺきもくせい
四	緑	木星	しろくもくせい
五	黄	土星	ごおうどせい
六	白	金星	ろっぱくきんせい
七	赤	金星	しちせききんせい
八	白	土星	はっぱくどせい
九	紫	火星	きゅうしかせい

図表 16

本命星早見表

あなたの本命星《ほんめいせい》はどれ?

一白水星《いっぱくすいせい》	二黒土星《じこくどせい》	三碧木星《さんぺきもくせい》	四緑木星《しろくもくせい》	五黄土星《ごおうどせい》	六白金星《ろっぱくきんせい》	七赤金星《しちせききんせい》	八白土星《はっぱくどせい》	九紫火星《きゅうしかせい》
S02	T15	T14	T13	T12	T11	T10	T09	T08
S11	S10	S09	S08	S07	S06	S05	S04	S03
S20	S19	S18	S17	S16	S15	S14	S13	S12
S29	S28	S27	S26	S25	S24	S23	S22	S21
S38	S37	S36	S35	S34	S33	S32	S31	S30
S47	S46	S45	S44	S43	S42	S41	S40	S39
S56	S55	S54	S53	S52	S51	S50	S49	S48
H02	H01	S63	S62	S61	S60	S59	S58	S57
H11	H10	H09	H08	H07	H06	H05	H04	H03
H20	H19	H18	H17	H16	H15	H14	H13	H12
H29	H28	H27	H26	H25	H24	H23	H22	H21

T:大正 S:昭和 H:平成

S28(1953)年の生まれである私は、だから本命星は二黒土星《じこくどせい》である。

著者である私の本命星《ほんめいせい》である二黒土星《じこくどせい》の人の場合、この二黒土星が真ん中に来る年は、魔方陣はくずれた状態です。これを「空亡《くうぼう》」と言い、自分を守ってくれる星の力がない状態です。空亡とは空《くう》（天《てん》）が亡きがらとなって亡くなっているという意味です。日本読みで「空《むな》しく亡《ほろ》ぶ」とも読みます。この空亡の年（その人の本命年）を、四柱推命では「大殺界」、算命学では「天中殺《てんちゅうさつ》」と言うのです。

これ以上の詳しいことは私の勉強が足りないのでわかりません。きっとそれぞれ、あれこれ言う専門家が出てくるでしょう。その時は、私は、「よし。わかりました。それでは本場の中国の専門家に一緒に聞きに行ってもっと勉強しましょう」と言うつもりです。

相性《あいしょう》を見る場合はその相手（たいていの場合は結婚相手）との関係性＝五行の相生《そうしょう》関係、すなわち「互いを活《い》かし合う関係」にあるのか、それとも相剋《そうこく》関係、すなわち「互いを殺し合う関係」にあるのかで決まります。ここでは占いの対象は、近未来《きん》に何が起きるかの予測ではなくて、人間関係における相手との吉凶《きっきょう》の予測になります。

この場合は、全体の数字が持つエネルギー（力）は関係なく、相手の人との相生《そうしょう》、相剋《そうこく》関係で調べます。相手の星（本命星）と自分の星の関係で相性《あいしょう》を判断します。数字のバランスが15でとれている方がいいと言いましたが、エネルギーが崩れている方が、予期せぬ変化が起こる。そういう相反する考えがあります。双方の魔法陣が崩れている方が良いことが起こるということもあります。なんでもかんでもバランスがとれている方がいいわけではない。それでもやっぱりほかの本命星の人でも、五黄土星が真ん中にくるときが安定（定位）している年です。

九星盤にある十二支は方角、時間を表す

P．65の九星盤にある十二支は動きません。子《ね》は常に北です。動かない部分です。9つの星しか動きません。十二支（12匹の動物の名）は、五行（5つの惑星の名）の情報である場合もありますし、方位の情報である時もあります。時間的に未来の情報（予言）であることもあります。その時その時によって、注目する要素を決めます。

たとえば、九星盤から判定（占い）して、もし自分にとって「酉《とり》の刻（17:00～19:00）」がいい時刻（時間）である時に、宝くじを買う。とか、相手に愛を告白するとか、それがいわゆるラッキー・タイムということです。「いい／悪い」が何でわかるかは、あくまで自分の本命星《ほんめいせい》がわかっていることが大前提です。

この九星盤の見方も実は流派によって違います。動きは同じですが、解釈の仕方があれ

これ違うようです。これ以上の難しいことは私にはわかりません。わかりたくもありません。私は流派（宗派）の争いには興味がありません。

それでも九星の盤はすべて同じです。九星気学の「気学」の気《き》は、西洋の物理学で言えば「エネルギー」でしょう。しかし本当はエネルギーでもパワーでもありません。気(Qui き）は気です。気力とかの元《もと》が元気です。天気がいい、とか気持ちがいい、気分がいいとか気合いを入れる、とか気が合う、とか、日本人もそこら中で朝から晩までこの気《き》と共に生きています。なぜこのことに誰も注目しないのでしょう。自分にとっていい気が来たら、いいことが起こるという考え方です。

もしあなたの本命星が五黄土星であれば、土星というのは、「土《つち》」です。酉《とり》というのは「金《かね》」の五行。十二支は、木火土金水の一対一で、五行のいずれかに属します。

たとえば、P.65の図の西の方角に金《かね》の五行があります。P.80で詳述するごとく「土は金を生じる」ので、相生《そうしょう》関係です。そうするとその年、西に行くと、自分にとっていいエネルギー（気）がくると判断できます。かつ17時〜19時も、金のエネルギーをもっている。もし、五黄土星の人が宝くじを買いに行くなら、この時間帯で、今自分のいるところから西の方角にある宝くじ売り場に買いに行くといいということになります。

他の人との相性《あいしょう》を占う場合は、相手の生年（本命星）を知る必要があります。簡易に生年だけで見てみましょう。これが基本です。先述したとおり、私の本命星は、1953年（昭和28年）なので二黒土星《じこくどせい》とわかります。九星盤の二刻土星が中心になります。その次に自分と同じように相手の本命星を調べます。

たとえば、七赤金星《しちせききんせい》の人と二黒土星である私の相性を調べるには、お互いの五行の相生、相剋関係を調べます。土と金の関係を調べると、「土を掘ると金が出る」から相生です。お互いにとっていい。相性が良い、となります。

吉凶をどう読み解くか

五行の相生《そうしょう》（相手を活かす）、相剋《そうこく》（相手を殺す）関係というのは、もう一種類あります。それは何かというと、たとえば自分が金《かね》の五行だとします。相手も金《かね》の五行だとします。その場合は、相生・相剋が生じるわけでも、弱まることもない。すなわち変化がない。その場合は、小吉《しょうきち》＝同性五行になります。これもなかなかいい関係とします。

それでは一体、何が大吉で、何が大凶、あるいは凶と決まるか。これもすべて、五行の相生と相剋の関係から見ます。陰陽（月と太陽）からの情報も重要ですが、ここでは五行

図表 17

陰陽五行《いんようごぎょう》の根本の考え方

相生図《そうしょうず》

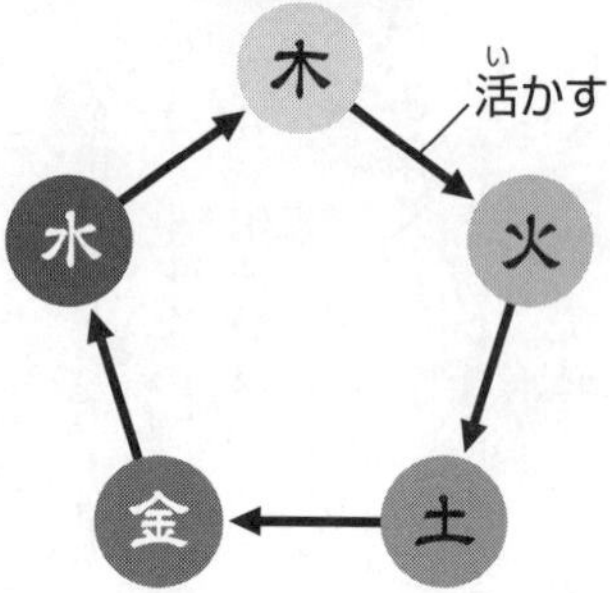

相剋図《そうこくず》

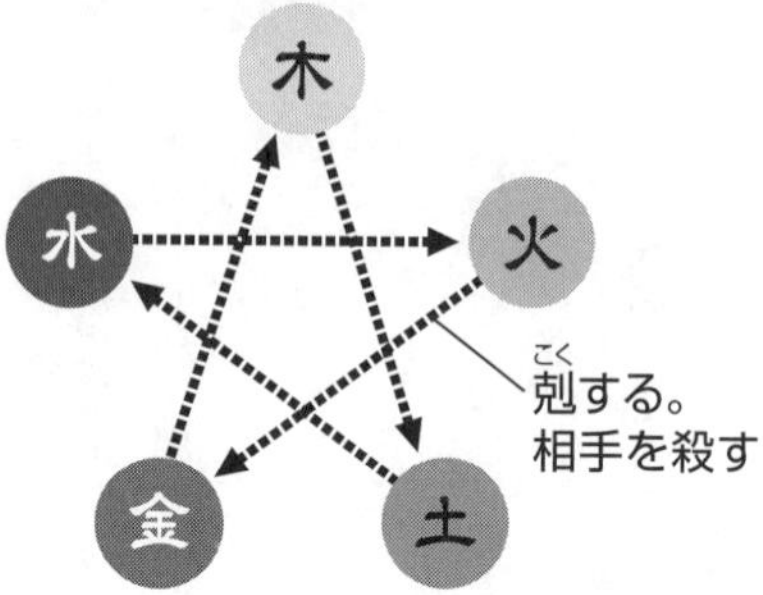

「相生」は、相手も活《い》かして共に栄える関係。「相克」は、自分が相手に打ち剋《か》つことで互いを弱める関係。

だけを中心に話します。陰陽まで入れると話が複雑になるので扱いません。

たとえば、金《かね》と土《つち》を例にして、自分が「金」、相手が「土」だとします。この場合、相手が自分にプラス・エネルギーをくれる＝良い気が生じると、これが大吉です。金《かね》（金属類）は土《つち》から生まれるからです。

次に、自分が「金」で相手が「水」だとする。そうすると、金属の表面に水滴がつく。すなわち金属は水を生じる。これも相性がいい生《いき》関係です。相手を活かして強める。自分が相手にプラス・エネルギーをあげている。そのことで自分も生かされる、活《い》き活《い》きとなる。このように考えます。これが中国人の考え方で、中国人は相手も共に活かす方向で考える。

それに対して西洋人の考えは「ゼロサム zero-sum」です。相手に与えたら、その分自分のものが減ると考える。西洋人の「ゼロサムゲーム」思考と中国でできた陰陽五行はこのように違います。中国人は「与えたらなくなる」という考え方をしないで、相手にいいエネルギー（気）をあげることは自分もうれしいことだと考えます。それが「吉」になります。「相手を生じる」すなわち吉となります。これが相生関係です。

反対に、相剋関係は、剋《こく》するすなわち相手に打ち勝つ、相手を負かす。相手にマイナス・エネルギーを送る。これが相剋関係です。相剋関係は、たとえば自分が金《かね》の五行で、相手が火《ひ》の五行だとします。金（金属）は火で溶かされる。これが大凶です。同様にして五行のうちの土《ど》と木《もく》であれば、土《ど》は植物（木《もく》）によって侵食される。ですから土《つち》と木《き》の関係も相剋関係です。

しかし、この逆に相手が土《ど》で自分が木《もく》なら相生《そうしょう》（相手を活かす）関係となる。木《もく》（植物）は土《ど》から生じます。活かしますからこれは良い関係です。自分を中心にして「する」と「される」、与える、与えられる、の関係で、これが相手に影響を与える。相手を殺してしまうように働く（作用する）場合には大凶です。

これはすべて七赤金星《しちせききんせい》からみた場合の話です。すべては自分の本命星でみた場合の話で、それが基本です。自分と相性がものすごくいい人がいます。よくない人もいます。このことをP．71の本命星の早見表を使いながら日々の現実で確かめてください。

その次に月命星《げつめいせい》が関わってきます。しかし、やはり本命星のほうがずっと影響が大きい。

暦（カレンダー）は今でもたいてい運命・運勢カレンダーにもなっていて、九星の運勢（運命）が書いてあるものがたくさんあります。自分の本命星はわかっています。だから、その日の本命星のところを見れば、自分にとっていつがいい日か、すぐにわかります。

国語辞典の大辞泉の「九星」の説明はこうなっています。

九星

古代中国の「洛書（らくしょ）」の図にあるという九つの星のこと。一白（いっぱく）・二黒（じこく）・三碧（さんぺき）・四緑（しろく）・五黄（ごおう）・六白（ろっぱく）・七赤（しちせき）・八白（はっぱく）・九紫（きゅうし）の九つある。陰陽道（おんみょうどう）では、これを五行（ごぎょう）と方位に配し、人の生まれた年に当てて運命の吉凶を占う。

「大辞泉」

このようにして9年周期で九星は一周します。2011年は七赤金星が真ん中にいる年です。月は12あり、九星は9つなので、3つの違いがあります。何年に何が真ん中にくるということはあらかじめ決まっています。今年2011年は60干支のうちの辛卯《かのとう》ですから辛《かのと》（金《かね》の弟《と》）でかつ卯《う》（うさぎ）の年です。こちらも決まっています。このことは暦で決まっていることであって別段、占いではない。2011年の九星盤が何か、を見たかったら、2011年は七の数字が真ん中にある九星盤です。これは昔からの時間の流れの中ですでに決まっていることです。
移動にはルールがあり、それに従います。簡単に言うと、数字の動きはその数字よりも一つだけ小さいものを追いかける構図になるということです。九星術のもともとの定義で、動きの法則は、自分より一つだけ小さい星を追いかけて移動していきます。

五行相生・五行相剋を詳しく見る

ここからは話の流れを元に戻して、「十干十二支《じっかんじゅうにし》」の60干支の説明をします。これがわからないと運勢占い（星占い）のやり方の基本がわかりません。占い師にあれこれ言われても黙って聞いているしかない。

陰陽五行では、この「五行」の5つの惑星（太陽に近い方から）は水星、金星、（地球）、火星、木星、土星ですが、これが前述した五干《ごかん》である。地上の5元素《エレメント》であるそれぞれ水《みず》、金《かね》、火《ひ》、木《き》、土《つち》と対応する。天の5星と地上の5つの要素《エレメント》は結びついている。

これに月と太陽である「陰」と「陽」を加える。これで七星である。これらはすべて互いに対立し依存し合いながら万物を形成する、陰（Yin《イン》）・陽（Yang《ヤン》）2種の「気」である。日・春・南・男などは陽《ヤン》に属する。月・秋・北・女などは陰《イン》に属す。だから男性の生

図表 18

滝行《たきぎよう》をした

私（左）は、2010年10月に、寒くなる前に、群馬県の三重院《さんじゆういん》というお寺（しかし本当は修験《しゆげん》道場）で短い修行をした。右は本当の修験者（山伏《やまぶし》）である村上圓信《えんしん》氏。

殖器を陽根といい、女性の外部生殖器を陰部（陰唇《いんしん》）という。

この陰陽に加えて、五行の五大惑星の動きに、地上の十干《じっかん》（五干《ごかん》の倍）に十二支を加え、これに8つの方位と、9つの色と数字を組み合わせてできあがったのが「易《えき》」であり、「易学」の体系である。

ここに八卦《はっけ》の断易《だんえき》が加わる。筮《ぜい》と竹《ちく》という道具を使って占う。八卦と八卦を掛け合わせると六十四卦《ろくじゅうしけ》となる。大相撲で「はっけ（八卦）よい。はっけいよい」と行司《ぎょうじ》がかけ声をかけるのは、相撲は古くから神事《しんじ》の掛け事だったからだ。

ここで、前述した「五行相生《ごぎょうそうしょう》」（互いを活かし合う）と「五行相剋《ごぎょうそうこく》」（互いを殺し合う）の2つを詳しく説明する。まず「五行相生」は、

木は燃えて**火**になる。この**火**が燃えたあとには灰（＝**土**）が生じる。その**土**が集まって山となり、その場所からは鉱物（**金**）が産出する。だが、産出した**金**（金物《かなもの》）は、やがて腐食して錆びついてボロボロになり、**水**に帰ってゆく。この**水**が再び**木**を生長させる。

図表 19

五行の相生《そうしよう》・相剋《そうこく》関係
「木《もく》、火《か》、土《ど》、金《ごん》、水《すい》」と覚える

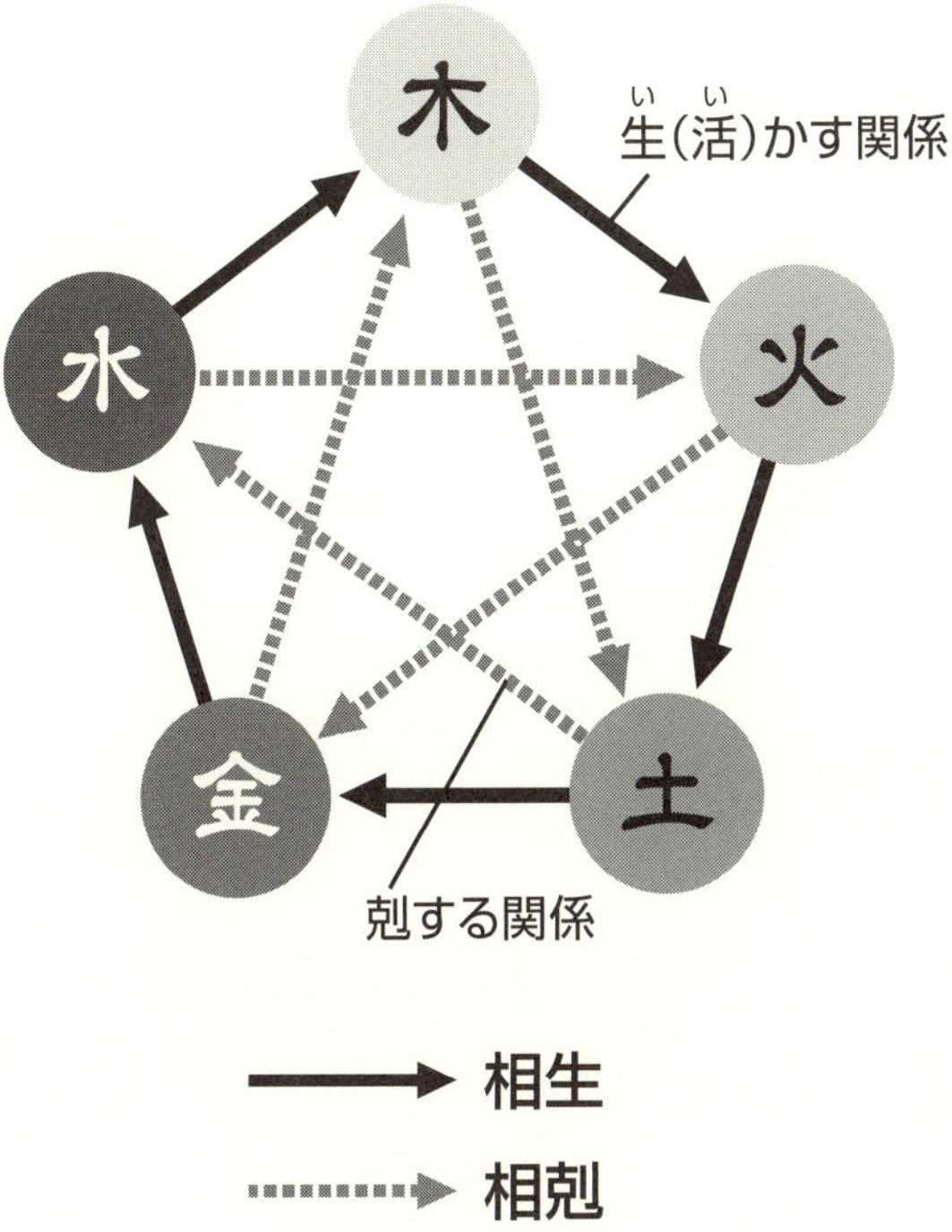

あなたの運勢の「吉《きち》」、「凶《きよう》」は
この相生か相剋かの関係で決まる。

とこのように考える。すなわち、

①**木**は（燃えて）**火**を生じる。
②**火**は（燃えつきて）**土**（灰）を生じる。
③**土**（の中から）**金**を生じる。
④**金**は**水**を生じる（金物の表面に水がつく様子から）。
⑤**水**は流れて岸辺に**木**（植物）を生じる。

という相互に活かし合う、良い気持ちの流れを示す関係である。

この「もく、か、ど、ごん、すい、もく」の「木↓火↓土↓金↓水↓木」の順に、相手をどんどん強める方向に良い影響を与える思想が「五行相生」である。ここから前述したような吉《きち》や大吉の占い（予言）の判定が生まれる。

それに対して「五行相剋《ごぎょうそうこく》」は相手を打ち負かす関係である。

水は**火**に勝（剋）つ。**火**は**金**《かね》に勝つ。**金**は**木**に勝つ。**木**は**土**に勝つ。**土**は**水**に勝つ。

という相手を打ち消し克服してしまう、相手を殺してしまう。ここから不吉すなわち凶、さらには大凶の占いの判定が出てくる。つまり、

❶**水**は**火**を消してしまい、
❷**火**は**金**を溶かしてしまい、
❸**金**でできた刃物は**木**を切り倒し、
❹**木**は**土**を押しのけて生長し、
❺**土**は**水**の流れをせき止める。

という具合になる。

この「すい、か、きん（ごん）、もく、ど」「水↓火↓金↓木↓土」の逆方向の流れが起きて相手の力（気）をそぎ落として弱めてしまう。「水は火に、火は金に、金は木に、木は土に、土は水に影響を与え、弱める」というのが「五行相剋」である。

私の本の読者の数人の占い師が、これまでに私に四柱推命の占いの結果を手紙で送って

くれました。その結果はいつも常に一致していました。そして、私の性格《ネイチャー》（本性、持って生まれたもの）や、人格《キャラクター》や気質《テンパー》を見事に言い当てていました。ですから、次第次第に、私は四柱推命を少しずつ信じるようになりました。

だから私はこの占いに従います。けれども、決してそれに盲従して服従するつもりはない。占いを肯定するけれども、盲従はしない。あくまで近《きん》未来予測者としての、すなわち予言者としての自分の能力と知力を高める方向でそれらを活用することを考えている。この10年でインターネットが発達したから、占いの基礎知識もますます世の中に広まっている。私がここに書いているくらいのことは、占い好きは皆知っている。自分の運勢への周《まわ》りからの助言に関しても、ある程度の正確な知識をみんなで実につける方向に向かうべきだと思います。占いに溺《おぼ》れて占いの結果にすがりつくのはよくない。

十干十二支

この五行に「十干十二支《じっかんじゅうにし》」の思想が加わる。ここで干支《えと》が表れる。この「えと」の思想は、今の日本でもまだ生きている。

十干《じっかん》は甲《こう》、乙《おつ》、丙《へい》、丁《てい》、さらに続けて、戊《ぼ》、己《き》、庚《こう》、辛《しん》、壬《じん》、癸《き》の10個の漢字である。

図表 20

五行と十干と十二支

五行	木	火	土	金	水
	きの	ひの	つちの	かの	みずの

十干	申	乙	丙	丁	戊	己	庚	辛	壬	癸
	え	と	え	と	え	と	え	と	え	と
	きのえ こう	きのと おつ	ひのえ へい	ひのと てい	つちのえ ぼ	つちのと き	かのえ こう	かのと しん	みずのえ しん	みずのと き

十二支	子	丑	寅	卯	辰	巳	午	未	申	酉	戌	亥
	ね	うし	とら	う	たつ	み	うま	ひつじ	さる	とり	いぬ	い

この「五行」と「十干《じっかん》」と「十二支《じゅうにし》」からの自分の干支《えと》が作られる。

P.88の「60干支《かんし》」の表へ。

図表 21

60干支《かんし》の表

自分の干支《えと》をしっかり覚える

あ、ここに空亡が！

甲子《きのえね》 1924	甲戌《きのえいぬ》 1934	甲申《きのえさる》 1944	甲午《きのえうま》 1954	甲辰《きのうえたつ》 1964	甲寅《きのえとら》 1974
乙丑《きのとうし》 1925	乙亥《きのとい》 1935	乙酉《きのととり》 1945	乙未《きのとひつじ》 1955	乙巳《きのとみ》 1965	乙卯《きのとう》 1975
丙寅《ひのえとら》 1926	丙子《ひのえね》 1936	丙戌《ひのえいぬ》 1946	丙申《ひのえさる》 1956	丙午《ひのえうま》 1966	丙辰《ひのえたつ》 1976
丁卯《ひのとう》 1927	丁丑《ひのとうし》 1937	丁亥《ひのとい》 1947	丁酉《ひのととり》 1957	丁未《ひのとひつじ》 1967	丁巳《ひのとみ》 1977
戊辰《つちのえたつ》 1928	戊寅《つちのえとら》 1938	戊子《つちのえね》 1948	戊戌《つちのえいぬ》 1958	戊申《つちのえさる》 1968	戊午《つちのえうま》 1978
己巳《つちのとみ》 1929	己卯《つちのとう》 1939	己丑《つちのとうし》 1949	己亥《つちのとい》 1959	己酉《つちのととり》 1969	己未《つちのとひつじ》 1979
庚午《かのえうま》 1930	庚辰《かのえたつ》 1940	庚寅《かのえとら》 1950	庚子《かのえね》 1960	庚戌《かのえいぬ》 1970	庚申《かのえさる》 1980
辛未《かのとひつじ》 1931	辛巳《かのとみ》 1941	辛卯《かのとう》 1951	辛丑《かのとうし》 1961	辛亥《かのとい》 1971	辛酉《かのととり》 1981
壬申《みずのえさる》 1932	壬午《みずのえうま》 1942	壬辰《みずのえたつ》 1952	壬寅《みずのえとら》 1962	壬子《みずのえね》 1972	壬戌《みずのえいぬ》 1982
癸酉《みずのととり》 1933	癸未《みずのとひつじ》 1943	癸巳《みずのとみ》 1953年	癸卯《みずのとう》 1963	癸丑《みずのとうし》 1973	癸亥《みずのとい》 1983
空亡 一句 戌・亥	二句 申・酉	三句 午・未	四句 辰・巳	五句 寅・卯	六句 子・丑

この60個の干支のうちに、必ず自分の干支があります。それを見つけてしっかりと暗記してください。この考え方を古くさい、などと言っているようでは女性に嫌われる。「古くさい男」になるな。女たちのほうが人類の未来を見ている。(生年が西暦で左に)

これらのうち今の日本人はもう「甲乙丙丁《こうおつへいてい》」までしか読めないし、知らない。戊《ぼ》からあとは読めないし、それぞれの意味もわからなくなっている。

明治時代になって西洋暦日《れきじつ》が導入されて、この「十干」を次第に忘れていった。あるいは国家の命令で、忘れ去るように仕向けられていった。ところが中国人は、あれほどの共産主義独裁体制が60年間も続いたのに、それでも、この十干を今でも自分たちの体から育《は》え出てきた漢字として、意味も詳しく知っている。

甲乙丙丁《こうおつへいてい》を、甲《きのえ》、乙《きのと》、丙《ひのえ》、丁《ひのと》……と読める人は、日本国民の2％くらいにまで減っているだろう。この私だって、占い学の勉強を始めるまではしっかりとは読めなかった。誰も教えてくれない。学校教育でも絶対に教えない。これらの十干の漢字や読みは、試験にも出ない。ただし、丙《ひのえ》は、「丙午《ひのえうま》」という「この年に女児を生んではいけない。おてんば娘、じゃじゃ馬が生まれる」という考えが日本人にまだ知られている。だからこの丙《ひのえ》は読めるだろう。あとはもう読めない。

そして87ページの図表のように、五行（5つの惑星）に対応して、その倍の十干が作られたことがわかる。「き、ひ、つち、か（ね）、みず」の5つにそれぞれ、「え」と「と」を就けるとできる。私の干支は、1953年生まれだからP．88の六十干支の表の「癸《みずのと》

(の)巳《み》(へび)」である。

　これに対して、十二支《じゅうにし》の12匹の動物の方は、日本人は「自分は何年生まれ」ということで今も知っている。

「**子**(ね、ねずみ)・**丑**(うし)・**寅**(とら)・**卯**(う、うさぎ)・**辰**(たつ、竜)・**巳**(み、へび)・**午**(うま)・**未**(ひつじ)・**申**(さる)・**酉**(とり、鳥)・**戌**(いぬ、犬)・**亥**(い、猪、いのしし)」の12種類の動物たちである。

　丑《うし》は今は牛《うし》なのだが、「午《うま》」の方は、角《つの》が出ていないので、こっちが馬であるとする。午と書いて即座に午《うま》と読める人は今の80歳代から上の人たちだろう。今は午前、午後の午だ。同じく申を申《さる》(猿)と読み、未と書いて未《ひつじ》(羊)と読める人はいない。今は未は「未《み》来《らい》(いまだ来たらず)」というコトバで使われる。申《さる》も酉《とり》も戌《いぬ》も厳しい。ただ、全国の神社の前で酉《とり》の市《いち》という祭礼があってにぎわうので、酉《とり》は読める。子どもの子と書いて子《ねずみ》(鼠)である。鼠《ねずみ》という漢字だってやたら難しい。

　これら十干十二支は、中国の天文学が丸々そのまま日本に伝わったものだ。お正月が来れば、年賀状に「卯年《うどし》」と書いてウサギをデザインしたものが用いられる。来年、平成24年(2012年)は辰《たつ》(竜)年である。

ここで再度、この十二支と組み合わせることになる十干の方の読み方を、表にして書いて並べておく。

「甲《こう》」という文字は「き（木）の」＋「え」で「きのえ」
「乙《おつ》」という文字は「き（木）の」＋「と」で「きのと」
「丙《へい》」という文字は「ひ（火）の」＋「え」で「ひのえ」
「丁《てい》」という文字は「ひ（火）の」＋「と」で「ひのと」
「戊《ぼ》」という文字は「つち（土）の」＋「え」で「つちのえ」
「己《き》」という文字は「つち（土）の」＋「と」で「つちのと」
「庚《こう》」という文字は「か（金）の」＋「え」で「かのえ」
「辛《しん》」という文字は「か（金）の」＋「と」で「かのと」
「壬《じん》」という文字は「みず（水）の」＋「え」で「みずのえ」
「癸《き》」という文字は「みず（水）の」＋「と」で「みずのと」

このように、五行（5つの惑星）及び地上の五元素（木、火、土、金、水）に「え」か

「と」をつけて作っている。「え」が陽で「と」が陰である。だから、「十干」は五行に陰陽2つを組み合わせたもので、「5×12＝60」となる。この60個の「十干十二支」があって、これで60年の周期で暦《こよみ》を繰り返す。昔は60歳ぐらいまでではほとんど死んだので、この60周期で十分に足りた。相手の干支《えと》で自分より何歳上か下かがすぐにわかった。便利である。

兵庫県西宮市にある高校野球の大会が行われる甲子《こうし》園球場を「甲子」としたのは、この野球場が完成した大正13（1924）年が、甲子《こうし》すなわち「きのえね（木のえのねずみ）の年であったことから命名されたものである。再三書くが、私は、1953（昭和28）年生まれだから、「癸巳＝みずのと（の）み（へび）」である。

88ページの表を使って、それぞれが自分の「えと」の漢字を見つけ出してください。そして覚えてください。十干に十二支を組み合わせて、十干の10と十二支の12の最小公倍数が60である。この60年で、組み合わせが一巡する。これが〝還暦《かんれき》〟である。

第四章　副島隆彦の四柱推命の占い結果

副島隆彦の四推推命　診断結果

（診断日　2011年1月9日）

氏名　副島隆彦　男命　昭和28年5月1日　不明　時　金曜生まれ

年柱《ねんちゅう》：	**癸巳**《みずのとみ》	丙《ひのえ》	劫財《ごうざい》	**偏財**《へんざい》②	**絶**《ぜつ》⑦	天乙《てんおつ》2	大極《たいきょく》2
月柱《げつちゅう》：	丙辰《ひのえたつ》	戊《つちのえ》	偏財《へんざい》	**偏官**《へんかん》①	墓《ぼ》	**福星貴人**《ふくせいきじん》③	
日柱《にっちゅう》：	壬子《みずのえね》	癸《みずのと》	**劫財**《ごうざい》⑤	**帝旺**《ていおう》④	**羊刃**《ようじん》④	**紅艶**《こうぜつ》⑥	
時柱：	不明					**空亡**《くうぼう》⑧	**寅卯辰**《とらうたつ》

あなたの宿命星《しゅくめいせい》　は　偏官星《へんかんせい》です

宿命星で性格をみる

上記に掲げた占いの結果は、冒頭で書いた私が今年の1月に、中華街の占い師に見てもらった診断結果である。この結果は、本書の初めのP．4に写真で載せたものである。占いで診断された内容を、次のページからあとの上の段に書き連ねた。

この四柱推命による私の診断結果を見ていただくとわかるとおり、まず「年柱《ねんちゅう》、月柱《げっちゅう》、日柱《にっちゅう》、時柱《じちゅう》」の4つの柱で出現している。年柱のところに、私の干支《えと》（本命年《ほんめいねん》）である癸巳《みずのとみ》が現れている。ここからすべてが始まる。自分の「えと」は本書P．88の60干支の表で、くれぐれも皆さん、それぞれ確認して

● 副島隆彦の四推推命　診断結果

①あなたの性格を分析します　偏官《へんかん》

さっぱりとしていますがわがままな面があります。プライドが高く多少とっつきが良くありません。その反面、義理堅いところがあります。自尊心が強く短気です。活動的で積極的です。好き嫌いも激しく負けず嫌いです。お山の大将的で、人に従うことを極端に嫌います。

②あなたの社会運は……　偏財《へんざい》

行動力がありユニークな仕事で力を発揮します。利益を得ることは多いようですが面倒見が良すぎて世話好きで出費が多い。精神的には苦労が絶えない。金銭問題や男女関係でトラブルが発生する憂いがあります。金銭問題と色恋の問題に注意。


ください。そして暗記してください。

月柱のところに**偏官**《へんかん》と出ている。私の宿命星は偏官星《へんかんせい》だとわかった。月柱のところに現れているものが「その人の一生を支配する重要な性質」だとされる。それでは偏官星とはどのような星かについて説明します。

人それぞれの宿命星が決まっています。前章で説明した九星気学とは異なってきます。私の宿命星である「偏官星」は、上記の診断結果、①にあるごとく「プライドが高く…わがままで…（人間関係で）とっつきにくい。好き嫌いが激しく、お山の大将…人に従うことを嫌う」と出ています。私の性格はまさしく、このとおりです。見事なくらいによく当たっています。四柱推命が昔から、占い的中率99%とか偉そうに書いているのがわかる気がします。

その次が、②「あなたの社会運は」となっていて、これが偏財《へんざい》（星）を示しています。「偏財」とは金銭や財産の蓄財の才能に関わる星です。商売の能力があるかどうか、そして金儲けができるか。大損して悲惨な人生を送ることになるか、などを決定づけます。

私の場合の「社会運（金銭運）」は、前のページにあるとおり、「ユニークな仕事をし…利益を得る…人の面倒見がよく…出費がかさむ…金銭問題や男女関係でトラブルが発生する憂《うれ》いあり」と出ています。まさしく大当たりです。私が自分のことを心配していたとおりだ。私は近年、自分が書いた本がよく売れるようになったので、お金（利益）がたまり始めた。それ以前は大学教授を兼ねた貧乏な物書きだった。

印税（本の売り上げからの著者の取り分）がたくさん入るようになった途端に、2004年に国税庁＝税務署が来て、ごっそり持って行きました。国（官僚）がやることは、国家暴力団です。私は自分のもとに寄って来た若者たちを言論人として育てるべく面倒を見ています。だから出費がかさむので、奥さんの機嫌が悪い。男女関係のトラブルが本当に起きるかもしれません。でも、もう齢《とし》だから、あまり恐くありません。それでも若者たちが、恋愛運やつきあっている人との相性《あいしょう》で本気で悩んでいるように、私もまた悩むかもし

副島隆彦の四推推命　診断結果

③あなたの先天的特徴は……　福星貴人《ふくせいきじん》

好奇心が旺盛でいろいろなことに首を突っ込みたがり、行動力のある交際家です。人付き合いの良い社交家で要領の良い人です。父親との縁が薄く生地から離れることが多い。また仕事熱心な人で相当な収入もあります。経済観念もシッカリしていて、いつもお金のことが頭にありますから倹約してかなり貯めます。

④あなたの内面的な性格と運勢は……　羊刃《ようじん》、帝旺《ていおう》

勝ち気で自尊心が強く、人に従うことができません。人に頭を下げたり、お世辞を言うことができません。人付き合いがヘタで人から誤解を受けることがある。独立独歩の精神に富んでいて、自力で自己の　運命を切り開く者が多い。

れません。

月柱にある十二補助星からわかること

四柱推命では、宿命星の次に「十二補助《じゅうにほじょ》星《せい》」という考えが重要です。その人の宿命星から診断（断易《だんえき》と言う）される運勢の次に参考にします。

私の場合は、上記にあるとおり、月柱のところに、先天的特徴が十二補助星としての「福星貴人《ふくせいきじん》」が現れました。それが上記③の占いの結果です。

「好奇心が旺盛で…人付き合いが良く…要領がいい」となっていて、まさしく当たりです。

私は社交家というほどではなくて、人当たりは悪いです。とくに初対面の人間とうちとけ

ることは絶対にしません。初対面でヘンなことを聞いて相手に嫌われます。しかし、付き合っているうちに気が合うと仲良くなれます。

「父親との縁が薄く生地から離れることが多い」と出ています。まさしくこのとおりでした。私の父は医者でしたが、酒乱と呼べるほどのアルコール中毒でした。医師会の忘年会で飲み過ぎて倒れて50代で死んでしまいました。そのために我が家は医者の家庭なのにあまり裕福ではありませんでした。私は大学に入ってから、出身地の九州にほとんど帰りませんでした。ですからこの「父親との縁が薄く生地から離れる」という占いはよく当たっています。その次の「仕事熱心な人で相当な収入があります」のとおりに、確かにいつの間にかそうなってしまいました。

次の④は「日柱から見た内面的性格と運勢」の占いです。ここには、私の場合、「帝《てい》旺《おう》」と「羊刃《ようじん》」という星が現れています。この**帝旺**も**羊刃**も十二補助星です。「勝ち気で…人に従うことができません。人に頭を下げたり、お世辞を言うことができません」。

そのとおりです。これも大変、よく当たっています。私は一生この性質であり、もともと持って生まれたものでしょう。しかし、最近は、齢をとって、人生経験を積んで、痛い思いをいろいろしたのでずいぶんと丸くなりました。ですから人に頭を下げるようになり

りました。理屈（話の筋道）が通っていることならば素直に相手の言うことを聞くようにな
りました。

「人付き合いがヘタで、人から誤解を受けることがある」

自分のこの生まれながらに持つ性格もずいぶんとやわらげるようになりました。でも、今でも自分の気に入らないことがあると、とたんに怒り出して周《まわ》りが手がつけられなくなります。自分でもわかっているのですが、この「帝旺《ていおう》」星の性質はやめられません。

この十二補助星の中にある「羊刃《ようじん》」は「敵と味方をはっきりさせる」やっかいな性質です。それで人間関係にトラブルを生み出すことがやたらと多い。この「羊刃」が月柱にあると、「強情で偏屈な性格になる」とされます。要注意ということでしょう。

私の日柱に現れた「帝旺」というこれも危ない補助星についてですが、この帝旺は、「その人の人生の絶頂期に現れて、脂が乗り、気力も充実します。ところが、「急激に運勢が衰えることがある」とされます。すなわち、有頂天になっていると絶頂期から突如ころがり落ちるようにその人の運命が転落することがあるのです。きわめて用心すべき時にある、ということでしょう。

この本の初めにも書いたとおり、私は今年（卯《うさぎ》）、来年（辰《たつ》）は「空亡《くうぼう》」すなわち、大

●副島隆彦の四推推命　診断結果

⑤結婚と恋愛　却財《ごうざい》

情熱的で燃えるような恋をしますが、熱しやすく醒めやすい性格で長続きしません。好色の人もいて色欲の問題からトラブルが起こりやすい人もあります。晩婚の方が幸せを得られる。自尊心は強いが人の面倒見が良く、何かと良く世話を焼くタイプ。また、ときには愛人関係や内縁関係など変則的な関係となりやすい傾向もあります。また、再縁の女性を妻に迎えることもあります。

⑥あなたの"SEX"診断　紅艶《こうえん》

欲求の度合いも激しく、技巧を凝らして楽しむ人で、女なしでは一日もいられないどころか、朝昼晩と三度の食事よりも好きというほど精力絶倫の人です。しかし強すぎてかえってダメになる人もいます。まれには不能になってしまう人もいます。ご用心。

あなたのエッチ指数を計算します。悪しからず!　115%

殺界、天中殺の年です。本当に気をつけなければなりません。

それでも、羊刃や帝旺は、強情で強引な性質(凶《きょう》)を表しますが、それが良い面(吉《きち》)で表れれば、占いの結果にあるとおり、私はまさしく「自力で自己の運命を切り開く」人間です。

次は、上記の⑤の「結婚と恋愛」の運勢についてです。私の場合は「**劫財**《ごうざい》」星が日柱のひとつに表れています。「結婚と恋愛」の運勢は、女性にとっては最大の関心のあることでしょう。しかし男であり初老の私の場合は、結婚と恋愛運はそのまま生活力やお金をめぐる人間関係の運勢を示します。

「恋愛は…熱しやすく醒めやすい性格で長続

きしません」のとおりです。「再縁の女性を妻に迎えることもあります」と出ていますが、私の場合はほぼあり得ないでしょう。今の家内（妻）をすごく愛しているというよりも、別の女性と再婚して、また新しい男女関係を一から作ると思うとゾッとします。

男女は出会いですから、1回目の結婚で十分です。我慢して死ぬまで添いとげるのが良いと思います。人間関係というのは、どんなものでも面倒くさいものです。親子兄弟であっても、なるべくサラサラとした関係である方がいい、気が合わなければ離れて暮らすのがいいというのが私の考えです。人に期待しすぎて過度にベタベタするから、あとで裏切られたとか傷ついたと思うのです。

それでも、女性にとっては、恋愛と結婚は人生の最大の事であり、真剣に考えることです。女性は、自分がどんな男性に出会えるかで一生が決まるのだと脳（頭）のてっぺんから爪先《つまさき》まで信じ込んでいます。たしかに、現実（の世の中）は厳しい。結婚相手次第で自分の運命《デスティニイ》は完全に変わります。ですから、占いが死ぬほど重要です。それは私にもわかります。ですから、徹底的に占いをやりましょう！

劫財《ごうざい》とは、「人のために惜しげもなくお金を使ってしまう性質」のことです。しかし、決して、人助けとか世話やきではなくて、自分が騙されていると気づかずに、相手に貢《みつ》い

図表 22

細木数子さんが使っている占命盤《せんめいばん》。彼女は独自に「六星占術《ろくせいせんじゅつ》」を作った。

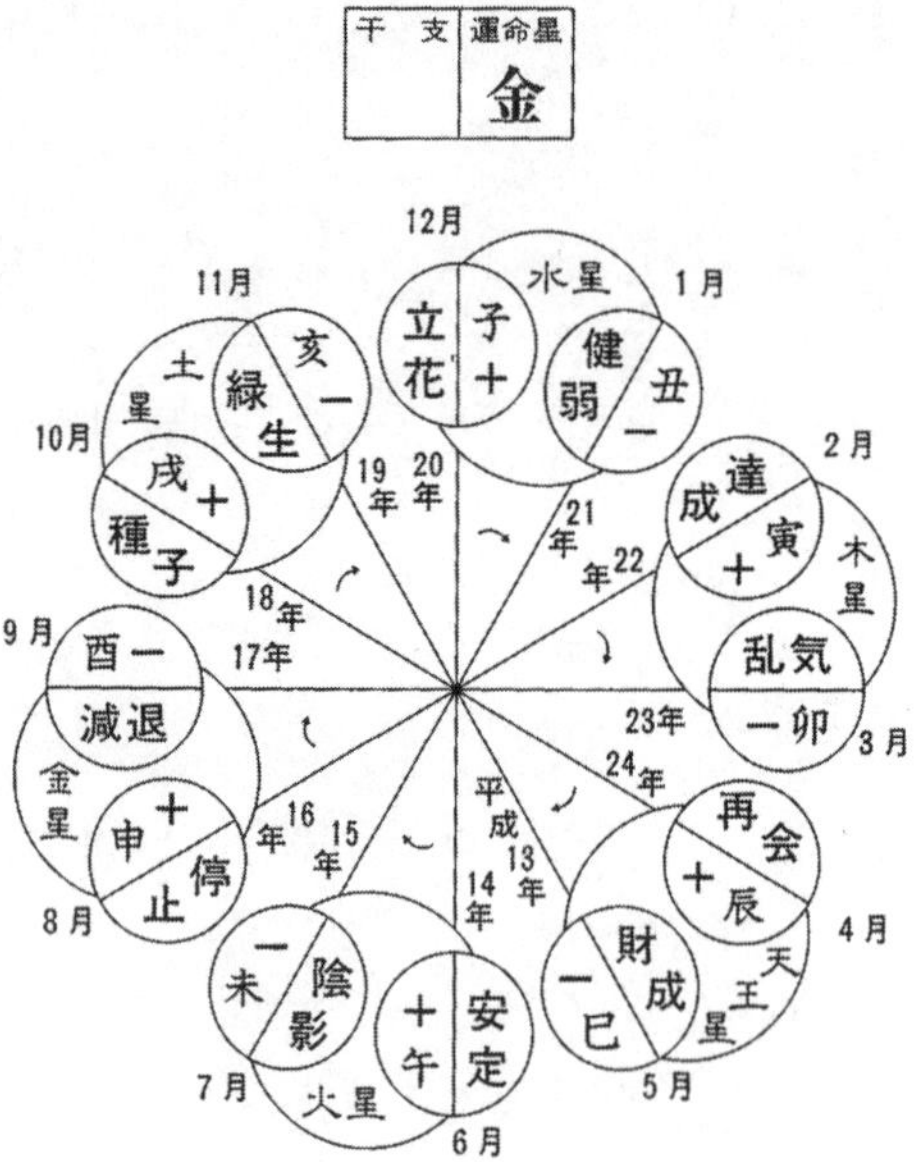

（出所：『平成23年版 六星占術による 金星人の運命』細木数子（ワニ文庫））

細木さんはこのような「占命盤」を使って運勢占いをしている。彼女は、その人の「運命星《うんめいせい》」を決定したのち、水星、木星、天王星、火星、金星、土星、霊合星の6星（人）で相性《あいしょう》と運命を診断する。

でしまうことを意味しています。しかしそれでも相手を助けているわけですから、大きな意味では人助けです。ただし、劫財星にはギャンブル（博打《バクチ》）の運はありません。

これに対して「正財《せいざい》」の星は、こつこつとお金を貯めて堅実に生きる人の星です。大金は転がり込まないが、ケチくさく小資産を築きます。この貯蓄好きが高じると、吝嗇家《りんしょくか》（ケチんぼう）になりますから気をつけましょう。

性欲とセックスを占う

次の⑥番目は、ズバリ性欲とセックスの性格の占いです。私にはここで「紅艶《こうえん》」の星が出ています。他の占い師に見てもらっても必ずこの紅艶が出ます。街の占いには必ずこの「セックス診断」の欄があるようです。しかし、女性の占い師の場合、占う相手（客）が女性であれば⑤の「結婚と恋愛」で済ましてしまうのでしょう。

ここでは私の診断は、まさしく紅艶そのもので、「（性的な）欲求の度合いも激しく…女なしでは一日もいられない。…精力絶倫」となっています。自分はこれほど性欲が強いとは思いません。しかし女性が好きなのは事実です。「女なしでは一日もいられない」ほどではありません。

私は若い頃からあまり女性にモテませんでした。それはハンサム（美男子）に生まれていないということがまず当たり前の事実としてあります。それでも、いつも付き合ってくれる女性がひとりはいました。ところが私は、冷たい人間ですから、自分の仕事（すなわち読書と原稿書き）のことばかりを大事にしていました。だからセックスのあとはすぐに本を読み出すか、原稿を書きました。それでずいぶんと女性に嫌われました。

だいたいモテる男というのは、ハンサムの他にマメである、という必須条件があるようです。女性は自分のことを気にかけて、時間をかけて一生懸命にあれこれ尽してくれる男性を好きになります。平気で女性に花束を贈るようなことをする男たちです。私には理解できないことです。とにかくマメでなければ女性とは付き合えません。

ところがこの手のハンサム男たち（だいたい中年男になっても、長髪《ロングヘア》にしている）は、若い頃女たちにチヤホヤされ続けた結果、中年からあとになって、ロクな仕事をしていない人が多い。

それに比べると、私たちのようなハンサムでない男は、コツコツと着実に仕事をして、周りの信頼を高めて、時間をかけて自己成長します。ですから、男は50歳を超して初めて本当の実力が外側に表れます。

あなたが若い女性ならば、結婚相手は、目の前のハンサム（イケメン）だけが取り柄の男を選ばず、長い目で見て、しっかりとした仕事をして十分に家族を養える男であるかどうかを、見極めの基準とすべきです。自分の運勢占いとは、実はこのような、自分の姿を含めた未来の人間関係を見つめることなのです。

自分の健康を自分で見る

私の年柱《ピラーズ》に「絶《ぜつ》」という星が表れています。この「絶」は、十二補助星でみる「健康と病気」の運勢です。自分の健康や病気やケガのことで注意すべきことがここに表れます。絶が出たら食べ過ぎに注意です。

この健康運には、12個の星があります。それは、❶長生《ちょうせい》 ❷沐浴《もくよく》 ❸冠帯《かんたい》 ❹建禄《けんろく》 ❺帝旺《ていおう》 ❻衰《すい》 ❼病《びょう》 ❽死《し》 ❾墓《ぼ》 ❿絶《ぜつ》 ⓫胎《たい》 ⓬養《よう》の12個です。

それぞれ、❶長生《ちょうせい》は、健康には問題なく長生きできますが、ケガ、事故に気をつけなければいけません。❷沐浴《もくよく》は、ちょっとした体調不良から命に関わる大病を起こしやすいことを暗示しています。体調不良を軽く見ないことです。女性なら、美容上の注意です。肌や髪の御手入れに注意し、気を配る必要があります。

❸**冠帯**《かんたい》は、体気、気力とも充実している最高に健康な状態です。女性は美しさに磨きがかかります。❹**建禄**《けんろく》は、一応健康ではあるのですが、生活習慣病（成人病）の心配があります。食べ過ぎによる肥満から、高血圧、糖尿病、前立腺肥大、痛風《つうふう》などを起こす恐れがあります。適切な食事（節食《せっしょく》）に心がける必要があります。

❺**帝旺**《ていおう》は、P．99で説明したとおり、私に表れた補助星です。人生の絶頂期に表れる星ですから、このあとは一気に衰えが始まったりします。無理に仕事をし過ぎてガタッと病気をしてしまうという注意信号です。**帝旺**は元々、体、体力、健康に関わる星です。

❻**衰**《すい》は文字どおり、自分の健康管理を怠る結果、病気にかかる前の状態になることです。この段階で早めに注意して入院するなりして本気で改善しようとしなければ、本当に❼**病**《びょう》になります。心臓病や胃腸病、脳出血などの重病を起こす恐れが非常に高い状態です。そのまま放っておけば死ぬでしょう。ここから先は、本人の自覚の問題ですから、「もう死んでもいい」と思うなら、この時に病《やまい》などが見つかって死ねます。

人の一生はことさらに長生きすればいいというものではありません。自分の運命（天《てん》命《めい》）を知って安らかに死を迎えることも大事です。❽**死**《し》はまさしく死であり死相《しそう》です。死ぬことも人間の運命（必然）であり、安らかに受け入れるべきことです。❾**墓**《ぼ》は、墓石《はかいし》の墓です。体が崩れる感じの衰弱感を表します。低血圧や冷え性、歯痛などの不幸な鈍い痛みの徴候を示しています。❿絶《ぜつ》は、私の運勢に表れていました。暴飲暴食に気をつけないという戒《いまし》めの星です。お酒やコーヒーの飲み過ぎに注意する必要があります。⓫胎《たい》は、体の中に何事か悪いものを抱え込んでいる状態を表します。ストレスが溜《た》まっている状態などです。小食《しょうしょく》、節食を心がけるべきです。まさしく「食べ過ぎは万病の元《もと》」です。

最後の⓬養《よう》は、大事をとって養生《ようじょう》が必要だ、という状態です。体調不良が続く時は、思いきって休みをとって、数日間ずっと眠り続けるべきです。たとえそのことで、会社をクビになるとしても、もはやかまわないと腹をくくるべきです。働き過ぎと睡眠不足で突然バッタリ倒れてしまって、それっきり（死んでしまう）ということもたくさんあります。自分が死んでしまえば、すべてはお終《しま》いです。占いも未来予知もへったくれもありません。

会社（企業）はとにかく従業員をこき使います。会社の経営者たちこそは人騙《ひとだま》しの天才たちです。「君がいてくれないと会社が困るのだ」とか、何とか上手いことを言って、それで職務の代わりの人間がいない状態に追い込んで、人並みに休日も満足にとれないで、その人が職務を離れられないようにします。本当に今の厳しい状況（不景気、デフレ経済）での会社員生活は大変です。

それでも異常な体調不良を感じたら、ただちに仕事を放り投げて、自分と気の合う良い医者を見つけておいて、「過労で入院が必要」と診断書を書いてもらうべきです。それもできなければ、出勤しないで、そのまま家で寝続けるべきです。それが⓬の**養**《よう》の段階です。アラーム（警戒警報）のレベルが最高段階の5でしょう。これで四柱推命の健康運についての12個の補助星の説明を終わります。

四柱推命学は中国の宋の時代に生まれた

いよいよ運勢診断の最後の❽の「空亡《くうぼう》」です。この「空亡」こそは「大殺界」のことであり、和泉宗章《いずみそうしょう》氏の**算命学**《さんめいがく》では、「天中殺《てんちゅうさつ》（あるいは天冲《ちゅう》殺、天虫《ちゅう》殺）」です。高尾義政《たかおよしまさ》氏の算命学ではまた少し考えが異なります。

細木数子さん流の四柱推命では、「大殺界」ですが、本物の中国ではこれを「本命年《ほんめいねん》」と言います。十二支《じゅうにし》の考えに従って、12年に1回巡ってきます。

四柱推命学は、中国で宋《そう》の時代に、徐子平《じょしへい》という学者によって、陰陽五行の天文学から完成されました。P.35の写真にあるとおり、中国の本場では、日本で独自に発達を遂げた四柱推命の元の原典、古典は、この3冊の本です。『滴天髄《てきてんずい》』と『子平眞詮《しへいしんせん》』と『淵海《えんかい》子平《しへい》』です。今から1000年前に書かれたこの3冊の古典《クラシックス》の内容は、残念ながら日本人である私たちにはとても読めません。日本語訳の本があるようですが、私はまだ入手していません。

ここまでの私の四柱推命の説明は、簡潔でわかりやすく、おそらく日本でいちばん要領のいい解説書になっているはずです。ですが、私は占い学の勉強をしただけの人間であって、占いの専門家ではないし、占い師《マジシャン》でもありません。この本での九星気学や四柱推命の説明は、かなり強引に大胆に簡略化して書いています。

吉凶占いは、近《きん》未来予測（予言）であると同時に、人間関係を占う相性学《そうしょうがく》でもあります。私は、この本では相性《あいしょう》の説明はすべて省きました。なぜなら、**元命《がんめい》**（宿命星）が「**偏官《へんかん》星《せい》**」である私が、宿命星が「**正官《せいかん》**」あるいは「**偏財《へんざい》**」のとき、どうなるか、などといちいち解説していったら、この本が何百ページの厚さになるかわかったものではありません。ですから私は「この星とあの星の相性」の説明は省きました。私個人はもっぱら「時間的にこれから先」の未来のことをあれこれ真剣に考える近未来予測としての占いに熱中したいからです。

空亡（大殺界）とは何か

今年と来年（もっと本当は、去年の寅年《とら》も）、空亡《くうぼう》＝天中殺である私は、用心して生きなければなりません。いろいろなことを自粛してなるべく静かにしていなければいけません。そのようにするつもりです。

「**空亡**」とは、空《くう》（天《てん》）の星の助けがない年です。五行《ごぎょう》の5つの惑星から出る気《き》（エネルギー）のどれも私に及ばない、ということです。文字どおり「空《むな》しく亡《ほろ》びる」です。あるいは、「空《くう》（星）の亡《な》きがら」です。初めの方のP．88の六十干支の60年周期表を見てください。中で、自分の干支《かんし》が「本命年《ほんめいねん》」の年であればそれがそのまま**空亡**（天中殺）です。それを見つけ出してください。

私は再来年が巳《み》（へび）の年で58歳の年男《としおとこ》です。干支は癸巳《みずのとのみ》です。ということは、私より12歳年下の来年46歳になる人（乙巳《きのとのみ》）と、さらに12歳年下の34歳になる人（丁巳《ひのとのみ》）、さらに12歳下の22歳の人（己巳《つちのとのみ》）が、私と同じヘビ年で、同じく空亡（大殺界）ということです。

空亡の年には、不吉《ふきつ》（凶事《きょうじ》）が起きるとされます。親が死ぬとか、兄弟、親族と不仲になり財産争いをするとか、夫婦離婚するとか、事故に遭う、大病をするとか、もっとひどい不幸に見舞われることがあるかもしれません。できるだけ身構えて、用心にも用心を重ねる必要があります。

時には思い立って、悪霊退散《あくりょうたいさん》のお呪《まじな》いをする必要があります。「お呪《まじな》い」とは、特別な祈り（祈禱《きとう》）をすることで、災難・災厄《さいやく》から逃れることです。

古くは、偉そうなコトバで加持祈禱《かじきとう》と言いました。「加持《かじ》」とは「いろいろの仏様が不可思議な力で衆生《しゅじょう》（一般大衆、人々）を守ってくれること」を意味し、「祈禱《きとう》」とは「神や仏に祈ること」という意味です。合わせて、「仏教の中の密教《みっきょう》で行者《ぎょうじゃ》が印《いん》を結んで（法印《ほういん》）、真言《しんごん》（真理の言葉。マントラ mantra）を唱えて仏からの保護を祈る」ことで自分に、襲いかかってくる病気や災厄を取り除くこと（退散《たいさん》）です。

私自身は、この加持祈禱をする真言（宗）密教（高野山《こうやさん》。弘法《こうぼう》大師。空海《くうかい》）と、天台（宗）密教（比叡山《ひえいざん》。伝教《でんぎょう》大師。最澄《さいちょう》開祖）という2つの大仏教教団がそれぞれ持っている密教の秘儀《ひぎ》に対して批判的ですから、加持祈禱には賛成しません。自分で素朴に素直に、自分に向かって戒《いまし》めて、最低限度の祈りの作法と儀式だけを習って（学んで）、それぞれ自分なりのお呪《まじな》いをすれば、それでいいと思います。

そのために私は第六章で体験記として書く修験道《しゅげんどう》の滝行《たきぎょう》を実践しました。

第五章

科学と宗教が堕落し占いは栄えた

占い＝近未来予測は四大文明で同時発生した

わかった。占いとは、個々の人々のそれぞれの近《きん》未来の姿（運勢）を言い当てることだ。一言で近《きん》未来の予測のことを「よげん」という。だから本書の初めで書いたが、「よげん」には二種類あって、prophecy（プロフェシー）とpredict（プレディクト）の2つだ。prophecy（プロフェシー）は漢字で書けば「預かる」というほうの「預言」だ。

何を預かるのか？　神のコトバを預かるのだ。そして人々に伝える。それができる特別な人間がプロフェットprophet　預言者だ。まさしく「神のことばを人々に伝える人」だ。古代神殿に仕えた巫女（みこ、ふじょ、シャーマン）でご神託（オラクル oracle）を伝えるのがこの預言者業である。

それに対してプレディクターpredictorは「予言者」だ。こちらは、神のコトバを代理して人々に伝えるということはしない。近未来予測（予想）をするだけだ。近い将来に起きる出来事を、それが良いこと（吉《きち》）であれ、悪いこと（凶《きょう》）であれ、冷たく予言してそして言い当てる。私は、このプレディクター（予言者）、占い師であることを目指している。

前述したオラクル oracle（神託）は古代ギリシアの中心都市であるデルフォイにあるデルフォイの神殿で行われていた、神に仕える巫女《ふじょ》（medium ミーディアム、霊媒女）たちが、神のコトバを同族のギリシアの各都市国家のギリシア人たちに伝えた。彼らはヘレネスと自称した。このヘレネスに対して、ギリシア人から見た外国人たちのことを「バルバロイ」＝バーバリアン、野蛮人と呼んだ。これが古代ギリシアの預言だ。

この他に、今のパレスチナの土地にいたユダヤ人たちが作ったユダヤ教の中に出て来る預言者《プロフェット》たちがいる。彼らはユダヤ（イスラエル）の民に降り注ぎ襲いかかる吉凶《きっきょう》を占った（預言した）。イエス・キリストもこの預言者のひとりである。

私の場合は、ただ単に自分の霊感《インスピレーション》（直観能力）だけに従って、近い未来に起きることを予測して、口にする（書く）だけだ。だから、後者の predictor（プレディクター）だ。これから先の半年、一年、二年、五年後、十年後に何が起きるかをあらかじめ口で言うこと。そして当てること。これをする人間だと思っている。言い当てることが大事だ。外れたらその分、信用を失う。この点でも私は有資格者であると自分で思っている。

このように書くと「あなたは**神懸《が》かり**を肯定する人ですか」と言われるかもしれない。「そうです」とアッサリ答えてもいいと思うようになった。私は、神懸かり（トランス

trance）という状態にもそろそろ入りたいと思う。が、なかなか入れない。よくて、頭（前頭葉《ぜんとうよう》）が急に痛くなって、全身が妙な感じになり、何か妙な予感がし出す程度である。この興奮状態、精神の高揚状態がしばらく続く。この時には、口元《くちもと》が上《うわ》ずって、変なことを口ずさみ始める。しばらくすると落ち着いて眠りに入る。私はなかなか神懸かり状態（トランス、忘我、夢中）状態にまでは入れない。

その理由は、「知性と教養が邪魔をして」という日本語があるが、まさしくこれだ。私の場合は、自分がこれまでに積み上げたそれなりに大量（多量）の知識と教養が邪魔をして、それでなかなかトランス状態には入れない。

「トランス trance」というのは、まさしく神懸かりで、発狂状態というと語弊があるが、茫然《ぼうぜん》自失の陶酔状態に入ることである。これは実は、更年期障害にかかった女性によく現れる特徴である。霊能（者）の素質のある、巫女《みこ》（シャーマン）たちの系統の女性によく現れる。霊感の強い女性はトランス状態に入る。最近は、こういう状態は精神病質（頭、脳の病気。私は「心の病気」というヘンなコトバが嫌いだ。）扱いされるので、人々はあまり公言しなくなった。

日本の幕末から明治にかけて興った新興宗教の教祖たちは、すべてこの系譜（種類）だ。

天理教の教祖の中山みき、大本教《おおもときょう》の出口《でぐち》ナオなど、みんな人生で大変苦労をした50歳すぎの女性たちであり、急に神のコトバを語り出した。「今こそ天理王明《てんりおうみょう》が現れて、この世のすべての人々を救うぞ」と言って踊り出して、手踊りをしてその周囲に人々がひれ伏す。これが幕末から明治にかけて生まれた新興宗教の誕生（発生）の中心だ。

私の場合は男だから、なかなかそうはなれないし、大本教の出口王仁三郎《でぐちおにさぶろう》のような、大柄で本格的な神懸かりの儀式もできないし、やる気もない。しかし50歳を過ぎたこの年齢になってしまうと、自分に正直になって自分なりの神懸かり方の儀式が欲しいと思うようになった。

占いと日本人と宗教の関係

私には、私の本（出版物）の読者となって、私の元に少しずつ集まってきた弟子たちと作っている「学問道場」というネット上の研究会がある。この集団は、知識と思想の習得のための集まりであり研究会だ。私はこの学問道場に、最小限度の儀式や形式を導入したいと思うようになった。最小限度の形《かたち》（式《しき》）が欲しい。そうすると、やはり、日本古来の伝統（そのほとんどは中国からの伝来である）があるから、そこから導入するしかない、と考えた。そこで、後述する第六章の修験道《しゅげんどう》に基づく滝行や呪文の唱え方をなんとか身につけられないものかと考えた。やろうとしてもなかなか難しい。

お金儲《もう》けのことと現世《げんせ》ご利益《りやく》と、世の中のあれこれの仕組み（制度、体制）や、世界状勢がどのように日本に影響を及ぼすか、のことなどについて、私は評論家として相当の自信をもっている。だからそれらのことを話せるし、現にたくさんの本を書いてきた。

だから、そろそろ近《きん》未来予測を業（なりわい）とする占い師としての体裁《ていさい》を身につけたくなった。私が自分で決めているのは、「ウソをつかない」ということだ。ウソをついたり書いたりしたら、どうせあとでバレてしまう。バレてしまったらその分だけ信用をなくす。それでも予言が少しはハズレるのは仕方がない。しかし極力、予言をはずさないようにしなければならない。そのために自分なりの厳しい修行《しゅぎょう》が必要だ。自分なりの修行を行い、修行を積まなければならない。

私は、自分で宗教団体を作るという気持ちはまったくない。自分で教団をを主宰して、自ら教祖（グールー）になって、教団を作って人騙《ひとだま》しをする気はいっさいない。こういうことを書くと、世の中の宗教教団の信者たちから「私たちにケンカを売るのか」と思われるだろう。きっとそうだろう。しかし私は構わない。今あるすべての既存の宗教はやはり総じて人騙《ひとだま》しだ、と率直に思っている。私は日本に古来からある修験道《しゆげんどう》（山岳信仰）だけが、いわゆる宗教ではないと考えている。だから修験道（山伏《やまぶし》の行《ぎよう》）をやりに行った。

修験道だけは、日本人の古来の「行い」であって、日本人が仏教や神道になじむ（騙されるる）以前からある日本人の魂《たましい》の古里《ふるさと》である。修験道（山《やま》の民《たみ》たちの習俗）は決して中国伝来ではなくて日本にもともとあったものだ。だから私は、この修験道（しかし、表面上はほとんどは仏教に取り込まれている）の海、山、川を素朴に信仰する態度を、自分の生き方の基本にする、と決めた。

修験道はいわゆる古神道《こしんとう》とも違う。私は古神道をやたらと重視する立場（あるいは〝神《かん》ながら〟の道。惟神と書く。これが本居宣長《もとおりのりなが》によって国学《こくがく》となった）さえ採《と》らない。古神道といえども神道の一種であり中国伝来である。中国の道教（タオイズム）が源《みなもと》である。私は今の中国（人）をヒドく毛嫌いする人間たちが、そのくせ中国伝来の思想を自分たちの信念（思想）の中心に置いていることを、きわめて奇怪なことだと思っている。日本の今の右翼（反《はん》中国）言論人のほとんどはアホだと思っている。

従って私ははっきり書くが、私は宗教教団を名乗って宗教活動としての営業活動をしている人たちが嫌いだ。でも、その人々の宗教活動（信仰の生活）を邪魔する気はまったくない。みな自由だ「宗教の自由」は憲法が第20条で保障されている。信仰（宗教）の自由は大切な人権（自由権）の一つであるから、各自ご自由にどうぞ。

この他に、今の社会でも習俗（慣習　カスタム　custom）として行い、成り立っている神社仏閣を詣でるなどの習わしに人々が参加することにも反発しない。私はあれこれ言うつもりはない。習わし・習俗は自由に行えばいい。正月に神社にお参りに行ったり、クリスマスのときだけわざと教会に行って賛美歌を歌う女性たちがいるのもわかる。人は、その人なりの救われ方があればいい。他の人たちの信仰の邪魔する気はない。

吉田兼好と安倍晴明という日本の偉大な占い師

平安時代や室町時代や江戸時代でも、職業人としての霊能者や予言者（占い師）という人々がいた。『徒然草《つれづれぐさ》』という日本人なら誰でも知っている、高校で習う、人生の深い知恵がたくさん書かれている本がある。日本では最高級の知恵の本《ウイズダム・ブック》だ。なかなか良い知恵が書いてある。この徒然草の著者の吉田（卜部《うらべ》）兼好《けんこう》（1283～1353）、すなわち兼好法師は、それでは職業は何か。何でご飯を食べていたか。これがまったくわからない。『徒然草』の全編を詳しく調べても、どこにも書いていない。吉田兼好がどういう身分か（貴族

図表 23

晴明《せいめい》神社
祟《たた》り神として淫祠《いんし》の穢名《おめい》を受けた時期もある

©HIDEAKI TANAKA
/SEBUN PHOTO
/amanaimages

境内にある「晴明井《せいめいせい》」。
病気平癒《へいゆ》の水として
ご利益《りやく》がある。

安倍晴明《あべのせいめい》像

©FUJIO WADA/SEBUN PHOTO
/amanaimages

か武士か商人かさえ）まったくわからない。

実は兼好法師の職業は占い師である。占い師の一族である吉田氏（卜部《うら》氏）の人である。だから当然、占い師をして生計を立てていたはずなのだ。このことをはっきりと書く人がいない。吉田兼好の研究家たちでも「経歴は不明」としている。しかし、どう考えても吉田兼好は占い師である。だから、あれほどの透徹《とうてつ》した人間理解の水準に至ったのだ。

もう一人、日本には偉大な占い師がいる。それは日本の陰陽道《おんみょうどう》の陰陽師《おんみょうじ》として最大の人物である安倍晴明《あべのせいめい》（921〜1005）である。今でも京都の上京区堀川通《ほりかわどおり》に安倍晴明を祀《まつ》る晴明神社《せいめいじんじゃ》がある。私は今から10年前の2001年に、さる大手の広告代理店の主催する研究会で京都に連れて行ってもらって、その一環として安倍晴明神社を訪れた。その時も女子高校生たちが来ていて、一人3000円とかの鑑定料を払って、社殿に上がって運勢占いをしてもらっていた。陰陽道は日本独自で発達した道教の一種である。この本では陰陽道や陰陽師の話はしない。

占星術は天文学である

第二章で詳しく説明した四柱推命は、中国伝来の陰陽五行《いんようごぎょう》から生まれた。陰陽五行は占星術である。占星術（アストロジー astrology）は、今で言えば天文学（アストロノミー astronomy）だ。古代の占星術と今の天文学は同じである。このように私が断言すると異論が起きるだろう。科学的な天文学と、古代からの迷信（スーパースティション superstition）にすぎない占星術を一緒にするなんてとんでもない、と言う人々がいる。私はそうは思わない。占星術こそは現在の天文学であり、その元になったものだ。これなら許してくれるか。

占星術（星占い）というのは「非科学的」な邪教《じゃきょう》や呪《まじな》いだと言う人々こそ、今や批判されるべきである。今では「科学的な人々」のほうが落ちこぼれである。現代科学（モダン・サイエンス modern science）の方がいろいろな場面（分野、学界）でどんどん限界が露呈して怪しくなってきている。科学（サイエンス science）の方が動揺している。私はもっとはっきり書く。今や、科学《サイエンス》は宗教の一種である、と。科学こそは宗教《レリジョン》になりはてた、と言うか。今や「**科学という宗教**」なのである。

この科学という宗教が世界中でこの100年間、猛威を振るった。そして、どうやら落ち目になってしまっている。「私は科学的な人間だ」と言うと、まるでバカ（であること）の代名詞（あるいは修飾語）みたいで、何の説得力もない。

占星術（星占い）の根っこは中国の道教（タオイズム）の中に取り込まれた占いの思想だ。道教は民衆救済の思想である。貧しい人々を助けたいと考える。「私たち大衆の苦しい生活を助けてくれ、助けてくれ」と言う人々の気持ちが一箇所に集まった時にそれが道教になっただろう。

今の中国人たちが拝んでいるのは関帝廟《かんていびょう》であり、これは道観《どうかん》＝道教寺院である。関羽《かんう》という三国志に出てくる漢民族（中国人）の最大の英雄を、神（天帝《てんてい》）にして祀《まつ》って（祭《まつ》って）いる。決して単なる老荘思想ではない。道教は周易《しゅうえき》という易の術を内部に取り込むことで、星占いの系統とつながった。だから占い、呪《まじな》いの術でもある。

人類（人間）の星占い（古代の天文学）は、おそらくバグダッドで発達した。現在のヨーロッパ文明につながるのはギリシア・ローマ文明だが、それよりも、本当はいちばんすごい文明は今のバグダッドのあたりで栄えたメソポタミア文明である。人類の四大文明の中の最高のものは、今のバグダッド周辺で栄えた文明である。

バビロンという都市は、今のバグダッドの南１００㎞にある。ここが世界でいちばん重要な都市だ。バビロンを中心にしたチグリス（川）・ユーフラテス（川）文明である。ここが人類にとっていちばん古くて立派で大きい。中国の黄河《こうが》・揚子江《ようすこう》文明とインドのイン

図表 24

今でもこの
四大文明なのです

この四大文明を古代の文明のことだと思わないこと。今の今も、この四種類の文明で世界を分けるのです。

ダス川（今のパキスタン）・ガンジス川文明よりも、中東（ミドル・イースト middle east）のメソポタミア文明の方が格が上である。

人類の四大文明は、すべて今から５０００年前ぐらいの同じ時期に興った。夜空の星たちを見つめる天体観測学もそれぞれに興った。その中で最も中心となるのは中東文明（チグリス・ユーフラテス文明、バビロニアとも言う）である。エジプト文明でさえ、大きくはこのメソポタミア文明と一体で考えるべきだ。エジプト文明を別個独立のものだと考えると、人類（史）は五大文明になってしまう。私は「人類の四大文明説」を支持する。古代のエジプトでも天文学（星の観測）は栄えた。

このように人類の文明はすべてちょうど５０００年間（すなわち、紀元前３０００年まで）遡れる。それ以上、古いものはない。と私は決めつける。このバビロン・バグダッドには、その前はシュメール人という原住民たちがいた。そのシュメール文化を征服して、その上に成り立ったのが、バビロンを大帝国の中心とするメソポタミア文明である。

今、紀元２０００年を少し超えた西暦２０１１年だから、これを遡《さかのぼ》ること５０００年の紀元前３０００年くらいに興った。だから、ちょうど５０００年だ。人類の歴史は、この、**①中東メソポタミアとエジプト　②インダス・ガンジス地方　③中国**　でもちょうど５００

0年前から文明になった。4つ目の文明である**④古代ギリシア・ローマ文明**（その後継者だと考えるのがヨーロッパ・北アメリカ文明）は、どうも5000年は遡れない。地中海のクレタ島（文化）、ミケーネ島（文化）まで含めても、ようやく4000年（紀元前2000年まで）だ。

これらの古代文明で、天文博士《てんもんはかせ》と呼ばれる人々が、毎日毎日星の動きを定点観測して研究していた。それを5000年間やり続けて、それが占星術（古代の天文学）となった。

ちなみに、今の中南米の古代マヤ（文化）やインカ帝国の文化は本当は文明とは呼べない。マヤもインカも石器文明であって、残念ながら今から2000年前からしか歴史がない。それを無理して「マヤ文明、インカ文明」と呼んでいるだけだ。このことと同じく、日本は、③の中国（東アジア）文明の一部であって、決して、×日本文明などというものは存在しない。日本国内では通用すると思って、×日本文明など使う学者、知識人は愚か者である。

世界基準で見るスピリチュアルの流行

ところで、私は普遍《ふへん》主義者である。英語でこれを「ワールド・ヴァリューズ world

values」と言う。世界中どこへ行っても通用する普遍的な考え方のことだ。人は（だいたい）夜8時間眠る、とか、おしっこをすると一回で200グラムくらい尿が出る、とか、人（他人、相手）のいやがることをしてはいけない、とか、世界中どこの国でもごく当然に通用する考えのことだ。

　このワールド・ヴァリューズは、世界普遍価値であり、これが世界基準という意味です。日本人が勝手に使ってきた×global standard《グローバル・スタンダード》とか、×world standard《ワールド・スタンダード》という英語はない。もしこの2つの語を使うとしたら、それは工業品の製造基準（規格）であるＪＩＳ（ジス）規格と同じ国際工業品製造規格のような意味になる。私は世界中で通用する価値観を大事にするから、日本国内でしか通用しないチンケな考え方や、ヘンな理論を振りまく人々が大嫌いだ。

　占星術（古代の天文学）だって、四大文明すべてで共通の知識の上に成り立っていたはずなのだ。私は、奇怪でおかしな内容の本に出くわすと、とたんに顔をそむける。書いている人間を軽蔑して、口汚く罵《ののし》り始める。「×日本文明（こんなコトバはない、存在しない）は世界最古のすばらしい文明だ」などと書く人間たちを心底、軽蔑している。

　ですから私は、世界普遍価値（ワールド・ヴァリューズ）を前提とした知識、思想、学問の組み立て方しか信じない。なぜなら、日本国内だけで勝手なことを書いて、偉そうに「日本（は）特殊（で）優等（な国）論」を書いても、どうせ時間が経《た》てばバレる。バレて消えてしまう。誰からも尊敬されない。結局、日本ごときでいくらエラそうなことを言っても、世界で通用しないものは消えてなくなる。ですから世界基準でないものを私は嫌う。

これを言うと、「西洋崇拝主義者の副島隆彦」といつも言われる。だが、私は人間という生き物に関して、そんなにいい加減な理解はしていない。私なりに深く考え詰めている。私はやっぱり近代学問主義者（モダン・サイエンティスト modern scientist）である。いくら星占い（占星術）の本を書いていても、やっぱり知識人としての地《じ》が出てしまう。

私は、日本は今からちょうど2000年くらい前（中国が漢《かん》＝帝国の頃、紀元1世紀）からずっと中国の属国だった。150年前（幕末明治）からはイギリスの属国になり、そして1945年の敗戦（66年前）からはアメリカの属国になっている、と書き続けてきた言論人だ。

だから話を占い（占術《せんじゅつ》）に戻すと、アニミズム（呪術）にまで人類はさっさと戻ってゆくべきだ。高度に発達した宗教（世界四大宗教）などいらない。呪《まじな》いを中心とした素朴な信仰に戻るべきだ。それが日本では修験道だ。

日本でもスピリチュアリズムが流行している。スピリチュアリズムすなわち、普通のサイエンスでは理解できない精神世界を重視する考えが、世界中でものすごく流行している。私は、世界（中）の人々が向かいつつある方向を大切にしたい。私もスピリチュアリズムに傾倒すべきだと思うようになった。やはり占いや呪《まじな》いを尊敬・尊重しなければならない。

どうやら世界中の民衆がそっちのほうに向かっている。だから私もそっちへすり寄ろうとしている。私はそういうところはめざとい。言論商売人だからこのことを隠す気もない。人間は正直（であること）が一番だ。

その反対で、「自分は迷信や邪教の類いは一切信じない」と思い込んで、学校時代に教え込まされた勉強だけを重視して信じ込んだまま生きている人間たちを軽蔑する。それが官僚（上級公務員）になったり、難しい国家試験に10年間も没頭したり、何も考えずに当然のごとく大企業のエリート・サラリーマンになっているような人間たちだ。

私は彼らのことを、〝現代の最大の落ちこぼれ人間たち〟だと判定、断定している。今の世の中で、最低の人間たちだ。彼らは、組織や団体の中で上手に出世して自分だけがいい思いができればいいのだと腹の底から信じ込んでいる。ただし、そういうことはおくびにも出さない。彼らは占い・呪《まじな》いを毛嫌いする。

私はこのように徹底的に決めつける。私は彼らのことを子供ユダヤ人と呼んでいる。少年時代からガリ勉秀才で、勉強ばっかりして、「お父さん、お母さんの言うとおり勉強する。成績がいいとみんなが僕を大事にする。いい大学に行って、財務省に入って、いい生活をするんだ」と何も疑わずに大人になってしまった人間たちだ。私は日本の勉強秀才たちが結果として行きついた姿である医者と弁護士と官僚（上級役人）が大嫌いだ。こういうのが私の友人、知人にたくさんいる。困ったことだ。

私がこういう人たちの集まっているところに行くと、話の輪がぶちこわしになる。私が彼らに近寄っていって彼らの実態を暴《あば》き立てて真実を見抜こうとするので彼らに嫌われる。私のこの性格は死ぬまで変わらないだろう。

ソエジマ教の教義

私が弟子たちとやっているインターネット上の「学問道場」は、副島隆彦の宗教教団だと言われたりする。「ソエジマは副島教団の〝グールー（教祖）副島〟だ」とあちこちで悪口を言われた時期がある。私にはそういう気は一切ない。私は宗教の教団を作る気は一切ない。自分の信者を作って増やしたい、などと思わない。だが、それでも、もし私に宗教的な匂いがあって、私自身に占い師や神懸《が》かりの気《け》があって、「やっぱりおまえの考えや主張や書いた本は宗教だ」と言われたら、どうするか。その時は、「はい。きっとそうでしょう」と潔く認める。「ソエジマよ、お前のやっていることはやっぱり宗教だよ」と言われたら、その時はあっさり「きっとそうなのだろう」と認める。いちいちくだらない反論や言い訳《わけ》はしない。

この場合、私の教団の名前は、10年前からはっきり決まっていて「真実暴《あば》き教」という。ここで私は、この世の一切合切のすべての秘密を暴き立てよ、すべてを暴《あば》け、手加減なし、と主張する。ですから「真実暴き教」の教団の教義は、今のところ次の3つしかない。

ひとつはこの「すべてを暴け」だ。何がこの世の真理かはわからないけれども、とにかく暴け、すべてを暴け、ということです。カール・マルクス（1818～1883）という社会主義を大成した大思想家は、死ぬ間際に「(この世界の) すべてを疑え」と言いました。私はそんなもんじゃ済まさない。「すべてを疑え」では済まない。「暴け」と言う。

2つめの教義は「騙《だま》されるな」です。この世のほとんどのことは騙しである。世の中は騙しで満ちあふれている。私が住んでいる出版業界という世界も本当は騙しだらけだ。人騙しが当たり前の穢《きたな》い世界です。だから絶対に騙されるな、ということを「すべてを暴け」に続く2番目の教義にしました。騙されても騙されても騙し返せということです。それから3つ目は、「知らないことは知らないと言う」です。知ったかぶりをするな、ということです。今のところこの3つの教義しかありません。だから、副島教団「真実暴き教」に入りたい人はこの3つだけを信じていただければ誰でも入信できます。

占い、スピリチュアルが世界的に流行した背景

ところで、なぜスピリチュアリズムや占いやまじないが流行り、とくに若い女性たちは予言、占いのほうへ行くのか。一方で男たちは行かない。いや、スピリチュアル系になっている若い男たちがたくさんいることを私だって少しはわかっている。私の弟子たちにもかなりそういう若者が出てきている。

なぜ私が占い、呪《まじな》い、スピリチュアリズムの方に恐る恐る近寄りたいかというと、何度でも書くが、今の学校教育が大きく失敗しているからだ。今の日本の学校教育は最低だ。本当に最低だ。それから欧米社会がつくりあげたモダン（近代）とモダン・サイエンス（近代科学）に限界が来ている。「もうダメだ」ということがはっきりしたからということ

がある。生産技術（テクノロジー）の方はまだいいのだが、科学の方はかなりヒドくなっている。

私は「サイエンス science」というコトバを「科学」という変なことばに訳したことがまずもって大嫌いだ。私は「サイエンス」を「近代学問」と訳す。ヨーロッパで、今からちょうど500年前の、西暦1500年くらいから始まったのが近代学問（サイエンス）だ。この時からヨーロッパ近代は圧倒的に強くなった。それで世界中のすべての地域（リージョン region）を征服して回った。そして次々と植民地（コロニー colony）にしていった。それが1500年代、すなわち16世紀からのことである。

日本の平戸や長崎にまでポルトガル船、そしてオランダ船が来るようになったのは1543年（鉄砲伝来の年。「日本発見」の年とも言う）である。

どうやら、このヨーロッパ・北アメリカ（欧米）の近代500年間（たったの500年だ）のモダン・サイエンスの脅威と威力が、21世紀になった今、どんどん衰え始めている。もう日本人がヨーロッパやアメリカを畏《おそ》れて、這《は》いつくばる必要がなくなった。彼らが作った最高級のテクノロジーである原子爆弾（核兵器《ニュークレア・ウエポン》）の脅威もだんだん通用しなくなっている。今、私たちの目の前で、アメリカ帝国がどんどん衰亡しつつある。

日本は今から150年前の幕末。明治から大正、昭和、そして第二次世界大戦に負けて西洋化した。だから私たち日本人（日本国民）は、アメリカが敗戦後におしつけた（強制した）「戦後民主主義教育」で相当にアタマをおかしくされた。はっきり言えば、日本人はアメリカに洗脳（ブレイン・ウォッシング。マインド・コントロール）されたのである。そして洗脳されたままの今の私たちがいる。アメリカは私たちから占いや呪《まじな》いなどの古い知恵を奪い取った。

宗教《レリジョン》は、たとえば基督（キリスト）教が、サイエンスと共に日本に一緒に入ってきたといっても、それで急に世の中がハイカラに近代化するわけではない。キリスト教に大きな真理があるわけでもない。前の方で書いたとおり、キリスト教によっても人々を救済したり救ったりすることはできなかった。このことがもうはっきりした。

「とにかくすべてのことを疑って、徹底的に冷酷に理詰めで考える」ことを本旨とするサイエンス（近代学問）とキリスト教（ローマ教会）による支配が両建てで続いた。こうやってこの500年が続いた。そして、遂にどうやらこの科学も宗教の一種ではないのか、という大きな疑問が起こってきた。それが1950年代からの「ニュー・サイエンスnew science」運動をきっかけとしたスピリチュアリズムの台頭である。

サイエンスのことを、フランス語で「science スシャンス」と言います。「sci（スシ）」というのは「知る」という意味だ。この「sci（スシ）」は、「神《ゴッド》から流れ出たもの」という意味だ。他に「本質《ほんしつ》 essence エッセンス」ということばもある。このエッセンスの「es（エス）」というのも「流出（説）」といって「神から流れ出たもの」と考える。この他に、「nature ネイチャー 本性《ほんせい》、性質」という重要なことばがある。このネイチャー（ナツール）の「natu（ナツ）」も「神から流れ出たもの」という意味だ。重要そうな根本語はすべてこういう感じだ。

神というものを前提に作り直した「神学 Theology テオロジー、セオロジー」から出てくるものだ。「sci」も「es」も「natu」も、神から流れ出るものという意味だ。「サイエンス」はラテン語では「スシエンザ」といい、知ること、わかること、という意味だ。「わかる」「知る」とは、神から流出したものだ、と西洋の神学《セオロジー》では考える。

しかし、このサイエンティスト、すなわち近代学問者たちは、中世の修道院（モネスリー monastery）の中で神と闘って、神を疑うようになった。彼ら自身もお坊さまだった。頭のいい人間でも、僧侶でないと食べられない時代だった。コペルニクスのような人もお坊さまだ。彼が地動説を発見してしまった。14世紀、15世紀、16世紀には、エライお坊さまたちが、自分の暮らす大修道院《アビー》の前に別の建物をつくって、世俗の人セキュラーマン secular man である世俗の金持ちの頭のいい息子たちを学生として集めてお金（授業料）をとって授業を始めた。これが今の大学になっていった。これをウニベルシテ（ユニヴァーシティ university）という。

お坊さま（僧侶）にはならないで、勉強だけしたかった人たちは、たとえば法律家になって自分の町（都市）へ帰っていく。七科《しちか》の学《がく》、これをリベラル・アーツ liberal arts といって7つある。文法学《グラマー》、論理学《ロジック》、修辞学《レトリック》、幾何学《ジオメトリー》、算術《アリスメティック》、天文学《アストロノミー》、音楽《ムジーク》の7つだ。これが今の日本の大学の「一般教養」である。人文《じんぶん》 humanities《ヒューマニティーズ》ともいう。これが近代学問のはじまりだ。頭のいいお坊さまたちは、やがて教会から離れて世俗の大学教授になった。学生たちに人気が出て評判の高い賢人でないと大学教授にはなれなかった。今は、どうでもいいような人たちまで大学教授になっている。

近代学問（サイエンス）のウソがバレた

だから、近代学問（サイエンス）が真理を人類におしつけるようになった。科学的真理（であるか本当はわからないのに）は、体制化し、権力側、秩序側の道具になってしまった。そして、結局、「人間とは何か。生命とは何か。宇宙とは何か」その謎は解けませんでした。このことがもうわかってしまった。それは「人々を救《たす》ける、救《たす》ける」と言って、結局、救うことができなかったすべての宗教と同じだ。だから、世界中の民衆は仕方がないので、自分を助けるために占いや呪《まじな》いの方に向かうようになった。私はこのように考える。

近代学問（サイエンス）の最高峰とされる現在のノーベル賞のことを簡単に説明する。まず、ノーベル医学、生理学賞というのは何かというと、生命（ライフ life）の謎を追求する。1953年にワトソンとクリックによってダブル・スパイラル＝二重螺旋《らせん》の構造をしたDNA《ディーエヌエー》（デオキシリボ核酸）が解明されて、ここで生命（ライフ）の謎が解明された、と考えられた。生命を成りたらしめる物質であるアデニン（A）、チミン（T）、グアニン（G）、シトシン（C）のATGC《エイティイジーシー》の4つの物質で生命《ライフ》はできていると発見された。

けれども、それでも結局、生命とは何か、はわからない。DNA《ディエヌエイ》をあれこれ研究するのを、モレキュラー・バイオロジー molecular biology 分子生物学という。あるいは、ライフ・サイエンス life science、生命科学という。顕微鏡を通り越して、電子顕微鏡が発明されたが、今よりもさらに100万分の1、10億分の1まで見られるようになっても、

図表 25

もう一度　ノストラダムスを見直そう

Dieu se sert icy de ma bouche
Pour tanoncer la verité
Si ma prediction te touche
Rends grace a sa Divinité

ミシェル・ド・ノートルダム
Michel de Nostredame
（1503〜1566）

彼の予言書『詩編《しへん》』は今でもなかなか解読できないらしい。だがその難しさの中に人類の未来が。2035年終末説が出現！

結局、どこまでいっても生命の謎は解明されない。もう無理なのだ。

ヒューマン・ジェーノム human genome ヒト・ゲノムの解析が全部されたという。これで遺伝子（ジーン gene）をあれこれ操作できる。だから、病気の治療に役立つとかいうけれども、それでも無理だ。限界がある。

現在、騒がれて評判のいいiPS《アイピーエス》細胞も、ローマ法王が「これならいい。これは生殖細胞をいじくってないから許す、認める」と言った。それで人気が出ているのだ。この点が非常に大事だ。日本では、こういう簡潔で重要な点が知られていない。遺伝子工学の専門家たちでも知らない。欧米のちょっと頭のいい人に聞けば、すぐにわかることなのだが、それをしない。いまだに世界基準《ワールド・ヴァリューズ》がなかなか通用しない国である。

それまでの分子生物学は生殖細胞をいじくっていた。豚や牛の細胞に人間の遺伝子を移植したりしていたから、ローマ教会が怒っていた。京都大学の山中伸弥《しんや》教授が発見したiPS細胞は人間の皮膚を増殖し、皮膚や臓器を再生させようという考え方だから、安全であり有望だとなった。でも人造の皮膚が別の皮膚にしっかり付くのはなかなか難しい。彼はノーベル賞はもらうだろう。こういうことなのだ。だから「生命とは何か」はどうせ解けない。

次は物質（マター matter）についてだ。ここでの新発見はノーベル化学賞をもらえる。物質をどこまで小さく、原子から陽子から中性子から、量子、クオークまでどこまで行っても結局ダメだろう。このあと100年かかってもどうせ謎は解明できない。物質をどこまで小さくしていってもどうせわからない。

このように小さく小さく小さく見てゆく微視的な世界を、ミクロコスモス micro cosmos という。量子力学の世界という。それに対して、巨大な外側世界を見てゆくのがマクロコスモス macro cosmos で宇宙の解明のことだ。これもついに謎は解けなかった。このことがはっきりした。ビッグバン理論を唱えてきたインチキ学者たちを許しがたいと私は思う。

結局、宇宙はどれくらい大きくて、どのような構造《しくみ》をしていて、どこに中心があるのか、の謎もわからなかった。ちょうど今から100年前に、アインシュタイン（1879～1955）が、相対性理論で謎を解いたのだ、と今でも言われる。それはやっぱりウソだった。彼が特殊相対性理論を出したのが1905年で、一般相対性理論が1915年から1916年だから、ちょうど100年ほど経つ。

この100年間は、世界中がずっとアインシュタイン教でした、ということだ。アインシュタインという科学宗教の教祖《グールー》を作り上げて、私たち人類（世界中の民衆）を上手に騙したのだ。それで多くの世界中の勉強大秀才たちが「自分が大宇宙の謎を解くぞ」と意気込んだ。そしてアストロ・フィジシャン astrophysician 宇宙物理学者になった。このアストロ・フィジックス astrophysics 宇宙物理学　を専攻した世界中の学者たちが、最近「あーあ、こんなものやるんじゃなかった」と本音で言い出している。本当の話だ。

こういうことを私が書いたからといっても、どうせ無視されるとわかっている。宇宙物理学やロケット工学のことを何も知らない副島隆彦がエラそうなことを言うな、という人々がいる。

しかし私はいっさいひるまない。呼ばれれば、どこへでも行って科学者（イヤな言葉だ）たちと堂々と議論してみる。なぜなら私は、『人類の月面着陸は無かったろう論』（徳間書店　２００４年刊）という本も書いて出版している人間だ。私はもう何でも知っている。どうか私のこの本を読んでみてください。私がウソつきか、それとも、アメリカ政府の一部門であるＮＡＳＡ《ナサ》（米航空宇宙局）が大ウソつきなのだ。彼らはでっち上げ犯罪科学者たちである。どうせそのうち真実が露見する。

アポロ計画（今から40年前の１９６９年から）の捏造《ねつぞう》の真実を知っている（気づいてい

る）人々は知っている。しかし、恐いことだから皆押《お》し黙っている。理科系の学者、研究者たちでありながら真実をしゃべったら、恐ろしいことになる。日本の大学の理学部や工学部を出た人たちで、「どうもアポロ計画の飛行士たちは月には着陸していないようだ。行けるわけがない。40年前に行ったことになってるけどウソだろう」と一言でも言ったら、理学部・工学部を卒業した人は、同窓会を追放だそうだ。「あいつは頭がおかしくなった」と言われることになっているらしい。

このこともはっきりとここで書いておきます。だから、あれこれ騒ぎがあって、いじめられて私はもうバカらしくなった。だから私は、「非科学的だ」とバカにされ続けた占いや呪《まじな》いの勉強をする方がずっと賢い、と気づいた。そしてこっちの方に向かうことに決めたのです。

結局、世の中はわからないことだらけだ。だから、せめて「これだけはわかった」ということだけを正直に言いながら、残りの人生を生きようと私は決めた。誰かれへの遠慮や気兼ねなどもうまったくなくなった。言いたいことを言い、書きたいことを書く。

最近では誰もが気づくようになったと思うが、人間（人類、ヒト）というのは、地球という惑星《プラネット》の表面にはびこったバイ菌や大腸菌のような存在だろう。「人間は万物《ばんぶつ》の霊長《れいちょう》

（プライメイト primate）だ」と威張って、他の動物（犬や猫や馬や豚）をいじめてばかりいる。この人間、人類というバイ菌のような生物に、自分たち人類を含んだ宇宙そのものが大きく解明できることはないのだ。

私はもう断言する。すなわち、宇宙や生命やこの世の謎は解けない。だから現代科学 modern science そのものがウソばかり教えるような世界になってしまった。そしてそれが支配するのが学校教育であり、従って学校教育もまた、完全にダメにされてしまった。

学校教育はもうダメだ

私は、今の学校教育はイカンと思う。本当にイカンと思う。今の学校制度はいったんすべて廃止にすべきだと思う。今の学校は勉強と試験と成績で子どもたちをいじめているだけだ。私の息子（今、高校生）たちも試験勉強ばっかりさせられている。私たち親の世代もそうだった。無理やり死ぬほど試験勉強ばかりやらせて点数をつけて、23点しかとれないからアカ点だ、とかいって、死ぬほど子どもたちをいじめている。子どもたちをびくびくおびやかすために小学校、中学校、高校が存在する。そんなことはない、日本の学校教育はすばらしいと言う者と私は公開で討論をしたい。学校の教師になっている人間たちに対しても私は疑っている。

私も15年間、予備校の教師をやった。そのあと11年間、大学教授をやった。私が雇われていた大きな予備校では、高校の教員あがりやら、大学教授や大学院生（学者の卵）たちがコソコソとアルバイトで来ていた。こういう人たちを1000人くらい見て彼らといろいろ話している。

だから、私に向かって「教育現場を知らない」とは言わせない。全部知っている。なんでも知っている。すべての教科の内容まで私は知っている。英語の他に、国語や歴史や社会（公民、政治学）や古文、漢文を私は教えることができる。日本国文法理論とかを私にやらせれば、国語学者たちよりも私のほうがずっとできる。その自信がある。数学や物理学、化学などの理科系はあまりやりたくない。やれと言われればやる。

ということだから、学校教育は子どもをいじめるためにあるということを私は腹の底から知っている。子どもたちを従順でおとなしい、体制にさからわない、上《うえ》（教師）の言うことを黙って聞くような子どもに育てること。これが教育の真の目的である。すなわち教育（制度）とは、国民洗脳である。

国民教育というのは、真面目な労働力というか、事務労働者や工場労働者を育てる制度だ。きちん、きちんと仕事をする人を育てるためのものだ。算数の計算を間違えないように訓練することで事務労働がきちんとできる。そういう人を育てるために学校教育はある。国民教育（学校教育）というのは国民洗脳のためにあるのだと、私はわかっている。きっと世界中どこの国でもそうなのだろう。私がこんなことを書いてもどうにもならないとわかっている。

それでも、私が今の学校教育を非難せざるを得ないのは、あまりにも試験の点数ばっかりで子どもたちを毎日いじめぬいているからだ。子どもたちの頭の中を血だらけにするようなことばかりしている。こういうことはもうやめてほしいと本当に思う。きっと子どもたちにとって、学校で教えられることはイヤなことが多い。

本当の学校教育は、読み書きソロバンとご挨拶と体を鍛えること（体育）、そしてみんなでおしゃべりして楽しく過ごすことだ。これ以外のことは、学校としてはやめさせたほうがいい。そのように私は強く思う。

素晴らしいスピリチュアルの人々

だから、学校教育や試験勉強に嫌気《いやけ》がさした人々が、占い・呪《まじな》いやスピリチュアルの方に行く。今のような試験と成績で、子どもたちを痛めつけるだけの学校なら、行かない方がましだ。そうすると、人生の落伍者《らくごしゃ》（落ちこぼれ）になってしまう。不登校児が増えている。学校勉強からの脱落者が日本でものすごい数で存在する。本当は日本人の9割は学校時代の落ちこぼれである。これが真実だ。

そしてもっとはっきり書けば、学校の勉強があんまりできなかった人たちが、占いやスピリチュアルに行く。これも本当のことだ。勉強がまったくできなかった人たちが、夢と希望の世界を求めて運勢占いの世界に向かう。

それに対して、大企業サラリーマンになったり、ケチくさく勉強して公務員になるような人間たちは、占いやらスピリチュアルに行く人は少ない。でも、世の中でエリートと呼ばれている人たちの方こそもっと救《すく》いが少なくて、彼らはいや〜な奴になりつくす。私の本を買って読んでくれる人の多くは、経営者や資産家（大金持ち）、小金持ち、投資家、自営業者だ。この人たちは占いを信じる。

私は自分のお客様（読者）を大事にすることが、大事なことなのだと死ぬほどわかっている人間だ。昔、国民的演歌歌手だった三波春夫《みなみはるお》が言った、「お客様は神様です」ということばが真実だと私も思う。自分の商売（職業）のお客様を大切にしない人は、自分の商売どころか、人生に失敗する。

だから私も自分のお客様たちと同じくスピリチュアルの方に行く。スピリチュアルの人たちは明るい。希望に満ちたすばらしい人が多い。彼らは未来志向であり、「これから先のこと」をいつも真剣に考えている。だから運勢（運命）占いが好きだ。

日本の宗教の堕落

私は、このように現代科学を批判する。と同時に私は日本の仏教に対しても疑問を持つ。強く批判する。私は日本の奈良時代の古くからある、すべてで16宗《しゅう》ある仏教（16宗派）に対して異議を唱える。16宗の立派な宗派（宗門《しゅうもん》）がやってきたことはおかしいと考える。ただし、16宗派のうち最も古い法相宗《ほっそうしゅう》だけは（輪廻転生《りんねてんしょう》を認めない。法相宗だけは）、お釈迦様（ゴータマ・ブッダ）の本当の思想を日本にまで伝えているので尊敬している。

輪廻転生、すなわち「人間は死んだら他の生物に生まれ変わる」とする考えはインドのヒンズー教（ヒンディ Hindi）の思想であって、偉大なるゴータマ・ブッダの思想ではない。ゴータマ・ブッダは「人が死んだらすべて無になる。何も残らない」と説いたのだ。だから有名な般若心経《はんにゃしんぎょう》の「色即是空《しきそくぜくう》」も、「色《しき》」すなわち、現実のこの世界は、「空《くう》」、すなわち元々「無《む》」なのであって、存在しないと言えば存在しないのだと考える。人間（自分）が死んだらすべてはおしまいだ、ということだ。

私は、「色即是空」をこのように明確に考える。だから、徹底的に「空《くう》」＝「無《む》」だと考える。人間は死んだらもう何も残らない。「自分が死んだらこの世のすべてがおしまいだ」という考えは、唯物論《ゆいぶつろん》（マテリアリズム materialism）である。

私は、釈迦の思想は、霊魂の消滅を主張する唯物論だと考えている。輪廻転生はインドのヒンズー教の思想であって、釈迦は29歳で出家して、ヒンズー教の修行者として修行して、そして遂にヒンズー教のダメな点を否定し去ることで仏教を打ち立てたのだ。

これ以外のことでは、私は日本の仏教界（特に比叡山の天台宗）が持つ「山《さん》川《せん》草《そう》木《もく》悉《しっ》皆《かい》成仏《じょうぶつ》」（この世の中の山、川、草木のすべてに仏様が宿っているのだ）という思想を批判し否定する。「この世の中のすべて（悉皆《しっかい》）に仏様が存在する」という思想は、根本から間違っている。私は徹底的にそのように考える。

この態度（立場）は決して私だけの考えではない。日本でも優れた仏教学者たち（たとえ東大系であっても）は、このように考えている。この本では、これ以上は書かない。今の日本の仏教界の大宗派である浄土真宗（本願寺派）や、禅宗の各派や日蓮宗については触れないし論じない。ここでは些末なことだから。

同時に私は、神道も批判する。神道《シントウイズム》は明治維新から国家神道になってしまった。この神道の神主《かんぬし》（神官）たちに対しても強い異論を持つ。私は、日本の神道は中国の道教が変形したもののだ、と考えている。神道に対しては道教（タオイズム）が日本に入ってきて日本化したものであることを私は解明しようとしている。この本ではとてもやりきれません。日本古来の美しい宗教などというものはない。日本民族の魂の故郷である神道など存在しない。このことだけはっきり言っておきます。そのうち1冊の本に書きます。

今の世界宗教の宗教集団であるキリスト教（ローマ・カトリック教）であれ、ユダヤ教であれ、仏教であれ、私は嫌いである。なぜなら結論として言うが、「人間の救済はなかった」からだ。

神による救いというのはありませんでした。このようにはっきり言いきってしまうことに私は決めた。「それでは絶望するのですか」とか「救いがない宗教なんてあるのですか」とか、あれこれここでは言われたくない。教義《きょうぎ》（カテキズム catechism、ドクトリン doctrine）や、教典（キャノン canon）があるきちんとした大宗教であるユダヤ教、キリスト教、仏教には、２０００年、３０００年と歴史がある。これに私が刃向かってもどうにもならない。だが私なりに本気で考えている。

私は、お釈迦様とイエス・キリストの両方とも偉大な人だったと考える（イスラム教のムハンマドのことは知らない）。この2人は、「この地上のすべての人間の苦しみを救いたい」と本気で考えた人だ。

だから当時から、この2人の考え（教え）にすがりつく人々がたくさん出てきた。彼らは、特に女性たちは、「どうか私たちを救ってください。この地獄のような現実の苦しさから救い出し（救済）てください」と強く乞い願った。それに答えようとして、釈迦もキリストも、一切衆生《いっさいしゅじょう》を救済《サルベーション》しようとして必死で努力して、自分の信念（教え）を説いた。

しかし……人々を救うことはできなかった。そしてあとに取り残されたのは、救済されないままの大衆（人類）だ。それから出家した僧侶《モンク》たちからなる大教団だ。2000年かけて各宗派に分裂した各々の宗派は、大教団のまま、大衆を救うことなく、大衆からお金を集め続けて肥え太っていった。だから現在の仏教とキリスト教の大僧正や大司教になっている者たちを私は徹底的に非難する。

ところで、ここで唐突に書くが、阿弥陀《あみだ》如来《にょらい》は、キリスト教のマリア様である。阿弥陀様とはマリア様なのである。マリア様と言っても母親のマリアではなく、イエス・キリストの奥様であったマグダラのマリア（マグダレーナ・マリア）である。この重大な指摘については私は別の本で書く。

ついでに書くが、だからと言って、私は新興宗教の類いも認めない。そこにも救済はない。現在は人々が新興宗教へ向かう時代でもないだろう。私は欲が深いのです。私はいろんな種類の本を書いてきた。もう１００冊以上の本を書いて出版してきた。それでご飯を食べてきた。こうして読者を求めてスピリチュアルというものの世界へも分け入って行くことにした。

スピリチュアルにもウソがある

ただし、この占い学やスピリチュアル世界にもウソが入っている。このことはやはり書いておかねばならない。易《えき》学や陰陽五行から生まれてきた四柱推命や九星術は、ウソではない本当の古代の天文学だ。

それでも現在の天文学や宇宙物理学の知識からすると、かなりおかしい、訳のわからないことを言う人々であり、世の中を惑わせるニセ知識だと糾弾する人々がいる。やっぱりもう一回組み立て直す努力をすべきだ。大殺界や天中殺という考えにみんなが惹《ひ》きつけられて、瞬間的には本が３００万部とか売れたりした。若い人たちが、人生経験も少ないままに占いの世界に憧れて、あれこれの有名な占い師のところに頻繁に通って、占いの結果に自分の夢を満たしてもらうのは悪いことではない。そうすることで自分が元気になって明るく生きられるならそれでいい。だが、それでもやっぱり占い関係の本にはウソが多いということもはっきり指摘しておく。こう言っておくべきだと、私は思った。

私も、近《きん》未来預言者や占い師になりたいと言っているわけだから、占いや呪《まじな》い業をやっている人たちの生活の邪魔をする気はない。冷酷な事実《ファクト》だけで組み立てられることになっている近代学問《サイエンス》のすごさを、どうやって陰陽五行とつなぐかを、私はこれから考えなければならない。どのような理屈（理論）から、天中殺や大殺界が出てきたかまで調べなければならない。

東洋の中国から生まれた易学系の古代の天文学と、ヨーロッパの占星術（astrology）の観測結果とは、大きくは一致しているはずなのだ。この東洋と西洋の一致点、共通点のところをこれからも追求したい。

私は自分の講演会でも正直に言う。占いや近未来予測が大好きな金持ち、資産家、投資家たちに向かって、「皆さんは私の予測や予言がよく当たるから、こうやってわざわざお金を払って私の話を聞きにきてくださっている。

なぜ私の金融予測がこんなに当たるか。

その理由をタネ明かししましょう。それは、次のようになっているのです。それは、私が過去の諸事実をいっぱい調べて知っているからなのです。そして、それらを直角座標の図式の中に並べて、前のところに、点々々が3つ並んだら、そうしたら次の点が予測できる。ここで近未来《きん》が予測できるのですよ。わかりますか？　過去を知っているから未来がわかるのです」と私は言う。経営者たちはポカンとしている。それでも感動してくれる。過去のことをよく調べているから、だから未来のことがわかるのである。これ以上のことはまだ言わない。私は過去と近未来《きん》の両方がわかる人間なのだ。このことを自分の誇りにしている。それでも過去のことばっかりやっている人はダメだ。やはり未来を見つめなければいけない。

第六章 日本の古来の教え、修験道を体験する

図表 26

著者、滝行（たきぎょう）の様子

2010年10月9日　群馬県　棚下《たなした》不動《ふどう》の滝《たき》

滝行をやった

そこで私は、滝行（たきぎょう）という修験道《しゅげんどう》の修行《しゅぎょう》をした。編集担当者のSさんと連れだって、冬がくる前の2010年10月に、群馬県の山奥の三重院《さんじゅういん》という山寺に行った。群馬県の山奥と行っていいのだろうが、今は近くを新幹線が通っている。今の日本にはもう秘境と呼べるような山奥はなくなった。このあと修験道のメッカの和歌山県の熊野《くまの》に行ってみてもそう思った。三重院の本堂は10人も入りきらないほどのお堂である。そこで2泊3日の修行をしてきた。私はどうしても滝に打たれる滝行《たきぎょう》というのをやりたかった。右に載せた写真のとおり立派にやり遂げた。寒かった。

滝に打たれるという言葉は日本人なら皆わかる。

この写真を見ただけで、日本人ならすべてがわかる。日本人の遺伝子の中に入っている。しかし、滝行を実際にやったことのある人は、ごくごく少数であって、ほとんどいないと思う。滝に打たれて清浄な気持ちになって、自然の清らかな水でお祓《はら》いをしてもらうと、気持ちがスッキリした。自然の神様に向かって素直な気持ちになって、心身も健やかになり、救われたような気持ちになるという良い体験をした。まさしくそのとおりだった。ひと言で滝行のすばらしさを説明するとどうなるか。

三重院は、表面上は天台宗の本山修験宗《ほんざんしゅげんしゅう》のお寺（仏教寺院）だ。村上圓心《えんしん》（先達《せんだつ》、副住職）がすべてを教えてくれた。村上氏に連れられて滝まで行って滝に入った。まず滝壺《たきつぼ》の浅瀬のところで上から落ちてくる大量の冷たい水を前にして立ちすくんだ。それから頭を玉砂利の水の中に突っ込んで、ひざまずいて滝に向かって深く礼をした。水しぶきが上がる水にぬれた岩だらけの50平方メートルくらいの霊場《れいじょう》である。背が立つくらいの滝壺《たきつぼ》の中の平らな場所で、目の前にドドッと落ちて来る50メートルくらいの高さの滝をひたすら拝んだ。

これから一体どういうことになるのかわからない状態で、水の中にどっぷりと頭をつけて呪文を唱えさせられた。この時に、滝が持つ神々《こうごう》しさに感動した。自然の偉大さそのものに全身が打ち震えた。ドドドドドッと落ちてくる大量の水の前に立って、この山そのものが神様だということが本当に体でわかった。

寒くてしょうがないのでブルブル、ガタガタ震えながら、冷水に頭をつける儀式を簡単にやった。そのあとは、そこらの木切れとかを捨てて清める、という儀式もやった。それから滝の中に入って打たれた。水がドドドドッと頭と肩の上に落ちてくる。痛いし、冷たいし、水圧が全身にかかってくる。この3つの恐ろしさだ。たかだか30秒くらいを、滝の中のあちこちを移動して3〜4回やっただけだ。滝のいちばん水量の多いところに行けば、水圧で体が本当に押しつぶされるだろう。だから自分の体が耐えられるギリギリの落水の場所で、両足を踏ん張って、全身の気力をふりしぼって、耐えなければならない。

大声で気合いの言葉を発しながら、滝の水を受け止める。水の冷たさで、全身ガクガク震える。この震えをなかなか制止できない。あらかじめ習った呪文《じゅもん》を唱える余裕はない。滝行を何十回も体験すれば、少しは慣れてきちんと呪文を唱えられるようになるのかもしれない。しかしそのためには修行を重ねなければダメだ。

これが滝行の体験記である。年季の入った本物の修験者《しゅげんじゃ》（山伏《やまぶし》）である村上圓心氏（仏教の僧侶である）が、第一級のインストラクターとしてしっかり横に付いていてくれるからできることである。シロウトが生半可な考えでやると滝行は本当に危ないのでやらないでください。きちんとした修験道の修験者の教えを受けながらしか絶対にやってはいけない。ただし、しっかりとした指導者のもとでなら、ぜひ皆さんも体験してみてください。スクーバダイビング（海潜り）の危険さと同じくらいだと思ってください。甘い考えでやると本当に死にます。

修験道の総本山、熊野へ行く

私は、この群馬県の山寺での修行を予行演習にして、そのあと日本の修験道《しゅげんどう》の総本山であるところの熊野《くまの》（三重県の南部）の大峰山《おおみねさん》（脈）に入ろうと思っていた。しかし、熊野まで行ってみたら、とてもではないが、峻厳《しゅんげん》なる聖地・大峰山に入峰《にゅうぶ》（入山）するのには最低3年くらいの準備が必要だとわかった。荒々しい山奥の山脈に人間が入れるのは9月までが限度である。冬は凍りつく森林地帯となるのだ。修験道の山歩き行《ぎょう》（奥駆《おくが》け）も、6月から9月までしか素人にはできない。冬山はたとえ日本国内の南の方であっても本当に恐ろしい。

熊野には滝行ができる本場の滝（霊場）がたくさんあると聞いていた。とてもではないがそれらの深山《みやま》（奥山）には近寄ることさえできない。たとえ冬山登山の登山家たちでも、それらの滝の所在に行き着くことはできないようになっている。自衛隊の特殊部隊（レンジャー部隊）くらいの能力がないと、峡谷の山岳地帯には踏み込めない。近代登山がもたらされる前の太古からの日本の登山術が修験道なのである。

それでも私はどうしても日本の修験道の聖地である熊野に行きたかった。それで、11月に入ってから、和歌山市で講演会があったので、それを好機として翌日、地元の有力者に

図表 27

熊野《くまの》 三山と
大峰山《おおみねさん》 奥駆《おくが》け

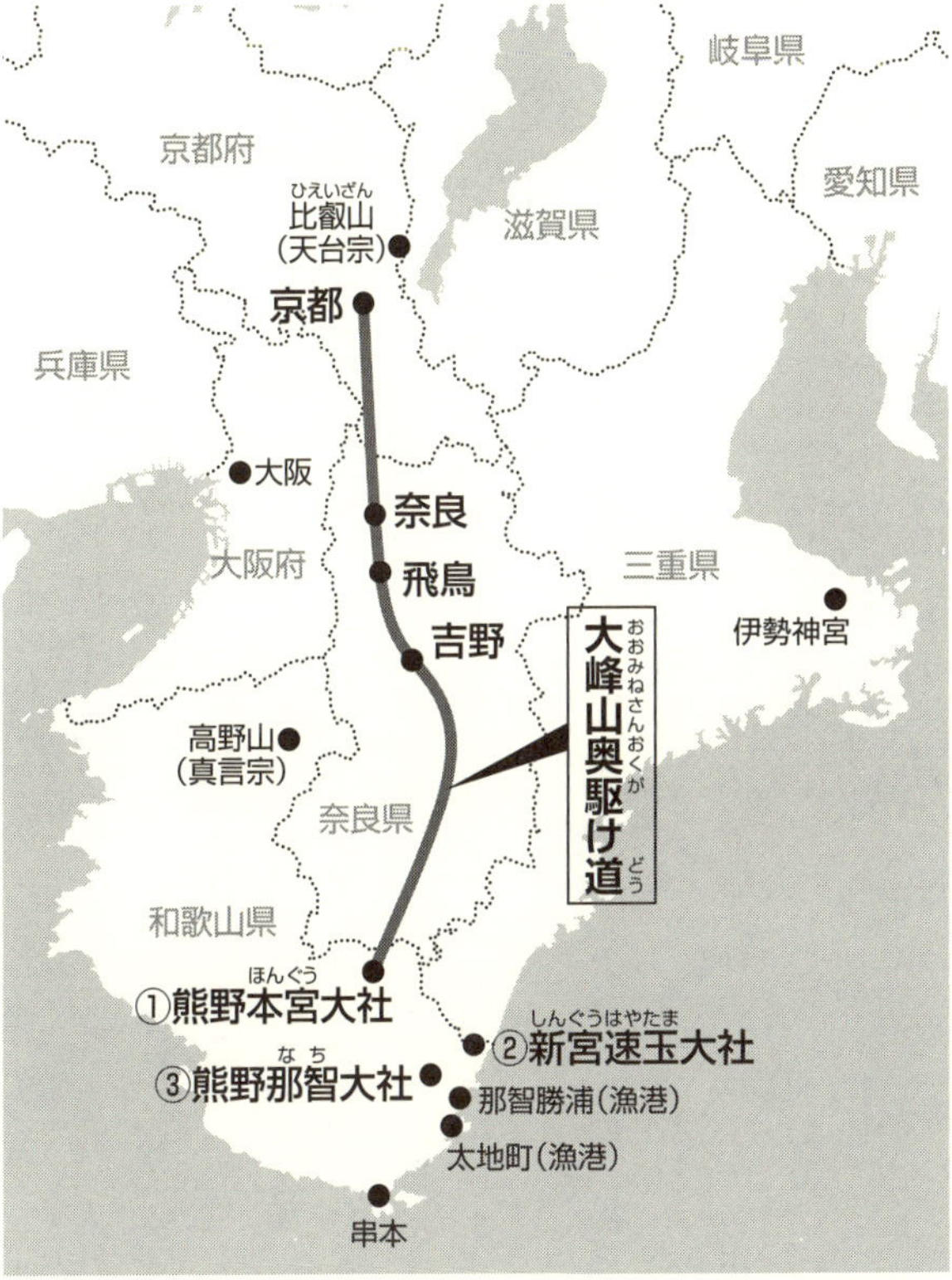

熊野→吉野→飛鳥→奈良→京都、この縦の一直線が、日本の神聖なる中心線である。

熊野まで連れて行ってもらった。熊野に参詣に行くということは、3つの「大社《たいしゃ》」（大きな神社）に御参りするということだ。それは、①熊野本宮《ほんぐう》大社、②新宮速玉《しんぐうはやたま》大社、③熊野那智《なち》大社（この隣りに那智《なち》の大滝がある）の3つである。この三大社に詣《もう》でることである。それぞれ30キロメートルくらいずつ離れていて、三角形を作っている。

江戸時代に「お伊勢参り」が盛んになって、熱病にうかされるように、突如、関西や東海一円の民衆が伊勢神宮に怒濤《どとう》のように押し寄せた。のべ数百万人が参詣したと言う。この「お伊勢祭り」の熱病は20年に一度の割で幕末まで続いている。集団狂躁《きょうそう》（トランス）状態で行われた。幕府も大名たちも制止することができなかった。それは幕末の「ええじゃないか」の民衆乱舞にまでつながる。

宿屋に泊まれるほどの路銀《ろぎん》（旅費）を持っていない貧しい人々は、大勢が街道沿いで野宿をした。お伊勢参りのあとは、余裕のある金持ちたちだけが、さらに数日かけて熊野にまで足をのばすことができただろう。熊野はそれほどの霊場（今のパワー・スポット）なのである。熊野はついこの間まで本当は日本の秘境だった。行こうと思い立っても、なかなか行けるものではない。私は高野山《こうやさん》（空海上人《くうかいしょうにん》が開いた真言宗の総本山）には3回行ったが、熊野詣《もう》では57歳の今になるまで遂にできなかった。

図表 28

これが『日本書紀』に出てくる"天磐盾《あまのいわたて》"であるゴトビキ岩

©HITOSHI OSAWA/SEBUN PHOTO/amanaimages

この巨岩の上に神武《じんむ》天皇が立ったとされる。このあとまっすぐ北上して、大峰山奥駆《おおみねさんおくが》けを通って、吉野・飛鳥に出た。

①の熊野本宮《ほんぐう》大社は、実は明治22年（1889年）の大洪水に遭っている。それで熊野川沿いの大きな社《やしろ》の建物はすべて流失して、今は川沿いの山の上の神社になっている。②の新宮速玉《はやたま》大社は、熊野市と川ひとつへだてて三重県の新宮市にある。平地に建っていて、平板《へいばん》な感じの神社だ。あまり荘厳さを感じない。大木のナギ（梛）やクスノキとかのご神木が背後の山に繋っているだけだった。

私が心底《しんそこ》感動したのは、この速玉大社から4㎞くらい離れた地にあった神倉神社《かみくらじんじゃ》である。この神倉神社の裏山の石坂をフーフー言いながら登ると、100メートルくらい上の断崖絶壁の上に天空に突き出したような「ゴトビキ（ひきがえる）の岩」があった。この巨岩こそは、本当に神聖なる日本国のご神体である大岩である。

このゴトビキの岩こそは、『日本書紀』の中に出てくる神武《じんむ》天皇がこの大岩の上に立ったと書いてある「天磐盾《あまのいわたて》」そのものである。『日本書紀』から引用する。

巻第三　神武《じんむ》天皇《てんのう》　神日本磐余彦天皇《かみやまといわれびこのすめらみこと》

……その年冬十月五日に、天皇は自ら諸皇子《みこ》、舟軍《せんぐん》を率いて、東征《とうせい》に向われた。

……六月二十三日、軍は名草邑《なくさむら》に着いた。そこで名草戸畔《なくさとべ》という女賊を誅《ちゅう》された。ついに佐野を越えて、熊野の神邑《かみのむら》に至り、天磐盾《あまのいわたて》に昇った。軍を率いてだんだん進んでいった。

八咫烏《やたのからす》

皇軍は内《うち》つ国《くに》に赴《おもむ》こうとした。しかし山の中はけわしくて行くべき道もなかった。進みも退《しりぞ》きもならず、迷っているとき、夜また夢を見た。天照大神《あまてらすおおみかみ》が天皇に教えていわれるのに、「吾《われ》は今、八咫烏《やたのからす》を遣わすから、これを案内にせよ」と。はたして八咫《やたの》烏《からす》が大空から飛び降ってきた。

この天磐盾（ゴトビキの岩）の周辺こそは、神聖なる修験道の行場《ぎょうじょう》であった。私はこの天磐盾に詣でて本当に感動した。まさしくこの地が、日本国の建国の神話の発祥の場所であると強く感じた。

ゴトビキ岩のある神倉神社が日本発祥の地

このゴトビキ岩までは、下の平地からものすごく急な岩だらけで石だけ敷き詰めた坂道を、30分近くかけてずっと登ってゆかなければならない。だから、この神倉《かみくら》神社の頂上のご神体までは、ふつうの団体旅行の年配（老人）の観光客たちはたどりつけないだろう。主催者側によっぽどの覚悟がいる。老人たちには、この岩だらけの急勾配の登山道は危険である。足を踏み外したら本当に下まで転がり落ちる。

だから、ほとんどの観光客は、平地にある、②新宮速玉《はやたま》神社の方に行くことで目的を済ませてしまうようだ。ところが、どうもこの速玉大社の真のご神体は、まさしくこの天磐盾《あまのいわたて》（ゴトビキ岩）そのものなのである。私はこのことに鋭く気づいた。いかにもここの大岩の上に、神武天皇が立って、南紀《なんき》の熊野灘《なだ》の向こうの東海《とうかい》一帯を眺望したと思われる。それくらいものすごく立派な大岩である。

この「神《かみ》の磐座《いわくら》」とも呼ばれる巨石こそは、熊野地方そのものの中心であり、ここに私は行きはぐれることなく偶然、行きつけたことを大きな幸運だと今も思う。まさしく僥倖《ぎょうこう》である。天《てん》のお導きである。私は、「何ごとか見えない大きな力」に連れられて、この熊野まで惹きつけられるようにして呼び寄せられた。そして、この神秘の大岩と対面できて、本当にうれしい。

この大岩は大きな霊で満ちている。再度書くが、このゴトビキ（ひきがえる）の大岩こそは、日本国の建国の礎石《そせき》であり、日本国の本当の最高のご神体だろうか、と私は強く思った。天照大神《あまてらすおおみかみ》という日本国の創業の女神さまがお隠れになった「天磐戸《あまのいわと》」の方は、伊勢神宮のさらに奥の方にある。神武天皇（彼が大和建命《やまとたけるのみこと》でもあるだろう）が立ったと『日本書紀』に書いてあるこの天磐盾《あまのいわたて》こそは、日本国の建国の楚石《そせき》であり、最大のご神体であるはずだ。

神武天皇はこのあと、ここから北を目指して北上した。そして、ほぼ真北を目指して進軍して行った。それを案内したのが、前に引用した『日本書紀』に書かれている「八咫《やた》の烏《からす》」という足が3本生えているという奇怪な大鴉《おおがらす》である。このヤタの烏は現在、日本サッカー協会（Jリーグ）のシンボルマークであり、Jリーグの旗に描かれている。

この3本足の大鴉《おおがらす》は前述した熊野の三大社のひとつ、①熊野本宮《ほんぐう》大社に祀《まつ》られており、「神の使い」とされる。神武天皇は真北に直線距離にして100㎞北上した。山岳地帯の山道であるから、実際は150㎞くらいある。そしてなんと、たどりついたところが吉野《よしの》の里なのである。そして、この熊野から、吉野に至るこの150㎞の山道こそは、本書P.179に掲げる地図である「大峰山奥駆け《おおみねさんおくがけ》」の南北150㎞の山道なのであった。このことを発見した時、私は全身が震《ふる》えた。日本国の秘密の入り口にたどりついた気がした。

この大峰山（20余の山からなる山脈のことである）そして奥駆けの道こそは日本の修験

道（山伏行《やまぶしぎよう》）の最大の聖地であり、まさしく大秘境である。私はこの日本の本当の聖地になんとしてもたどりつきたかった。だが11月の山の寒さは人間を寄せつけない。たとえ南紀《なんき》と呼ばれる南国・紀伊半島の南部の山林地帯であっても、冬は雪に覆われ樹氷《じゆひよう》になる。この熊野から東の方に60㎞くらい行った山奥にある高野山《こうやさん》があるのである。この高野山から、私は冬の樹氷の原生林を見渡したことがある。この大峰山奥駆けの修験道の行者《ぎようじや》（山伏）たちの山岳道こそは、神武天皇の軍団が北上した道である。そして到着したところが吉野である。

吉野の里は、室町時代の南北朝（1336～1392）の頃、後醍醐《ごだいご》天皇が足利尊《たか》（高）氏《うじ》に追われて逃げのびて来て、南朝《なんちよう》という亡命政権を置いたところである。そして、この吉野から、さらに20㎞北上すると、そこは大和國《やまとのくに》である。そこはまさしく飛鳥《あすか》の里（今の奈良県明日香村《あすかむら》）である。

大和朝廷はここら一帯の平地に築かれた。それを奈良時代という。私はこのたび、熊野に続いてこの飛鳥の里までやって来た。高校生の時にひとりで、家出少年のようにポツンと訪れて以来、実に40年ぶりに再訪して感慨無量となった。自分の人生の前途の荒波《あらなみ》と苦行《くぎよう》を自覚した17歳の時からの40年の旅路を思ってしまったのだ。

だから、日本の聖地（パワースポット）の原点は、熊野である。飛鳥（明日香）や吉野よりももっと深い処《ところ》が熊野である。この熊野から１００㎞北上したら吉野がある。さらにその北に飛鳥（大和）の地があるのだ。私は、この事実を自分の体を動かして現地に行ってみて本当に自分の体で味わって知った。

熊野と吉野と大和は、北に一直線でつながっていたのである。この事実に、私は心底びっくりした。日本地図をじっと見れば、こんなことは当たり前のことだ。しかし、この当たり前のことが実感でわかるのに、人間は40年もかかったりするのだ。実感でわかることと以外には、人は本当に「何かをわかる」ということはないのではないか。体でじっくりと味わって、本当に痛い目にあって、ひどい経験をしなければ、人間は学習しない。自分ではわかったつもりでも、本当はわかっていなかったのだ、ということが世の中にはたくさんある。

修験道こそ日本古来の唯一の教え

私は、なぜ修験道こそは日本人の真心《まごころ》の古里《ふるさと》であるか、がわかった。これに比べれば、神道《しんとう》とか、とりわけ古神道《こしんとう》が日本人の魂の根源だ、などと言っている者たちはオカシイ。

あれこれの古神道の流派でさえ、私に言わせればインチキであり、偽物の天皇崇拝主義者たち（日本の国体《こくたい》の護持の唱導者たち）であり、偏頗《へんぱ》な右翼たちである。私は彼らに騙されない。

日本人の魂の故郷《ふるさと》は修験道《しゅげんどう》である。この修験道こそは、最も古くから（おそらく1万年前くらいから）ある日本の原形（アーキタイプ）である。私はこのことを前述した群馬三重院の村上圓信《えんしん》氏（天台宗の仏教の僧侶であるが、本当は山伏《やまぶし》）との対話から知った。このことは後述する。

那智の大滝と速玉大社の深い関係

私は、前述した②の新宮速玉《はやたま》大社の本当のご神体はゴトビキ岩（天磐盾《あまのいわたて》）であることを見抜いた。そしてこの巨石が、その次に訪れた③の熊野那智《なち》大社の隣りにある那智の大滝と深く関係することを知った。ゴトビキ岩と那智の大滝は、一対《いっつい》の男女の神で会った。このことも私にとっての大発見であった。

②の「速玉《はやたま》」（神倉《かみくら》）神社と、③の有名な那智の大滝は、互いに男神と女神の関係である。このことは今もおそらく現地の熊野の人々にとって半《なか》ば公然の秘密とされている

図表 29

神倉神社《かみくらじんじゃ》の
お燈《とう》祭り

©Kouji Kusumoto/SEBUN PHOTO/amanaimages

ゴトビキ岩（「天磐盾」）から白装束のいでたちの男たちが松明《たいまつ》を持ち御神輿《みこし》をかついで、538段の石段を駆けおりる。遠くからは白い1本の筋《すじ》となって見える。

(知っている人たちは知っている）。私は自分の独特の勘と真実に至る才能で、このことを見抜いた。私には霊感もあるから、霊場に来るとたんに自分の脳がブルブルと反応し始める。

私は謎解きをした。②の新宮速玉《はやたま》大社の奥社《おくやしろ》である神倉《かみくら》神社には、恒例の儀式がある。毎年2月6日に件《くだん》のゴトビキの磐から、538段の粗削《あらけず》りの危険な石段を一斉に、松明《たいまつ》を持った白装束の男たちが欠け下る。熊野の冬を彩《いろど》る勇壮な祭りである。地元では「お燈《とう》祭り」と呼ばれる天下の奇祭である。松明の火が連なって暗闇の山脈を駆け下りてゆく様子は、5㎞ほど遠く離れた浜（海岸線）からは、一筋の白い液体が流れ出るように見える。これこそまさしく男性の精液が陰茎から流れ出る様子そのものである。

だからあの天磐盾《あまのいわたて》（ゴトビキ岩）は、男性器の睾丸《こうがん》（陰嚢《いんのう》）そのものである。②の速玉大社の「速玉《はやたま》」とは、飛沫《ひまつ》となってほとばしる男の精液のことそのものである。だから、そうとしか考えようがない。現地でもらった観光案内のガイドブックにも、「勇壮な男たちが大勢で松明を持って石段を駆け下りる様は、水しぶきがあがる聖なる飛沫《ひまつ》でありこれを『速玉』と呼んだ」とお茶を濁して書いてある。

このあと私は、わざわざこの地まで私を案内してくれた和歌山県の賢い企業家と那智大《なちのおお》滝《たき》の前に行った。③熊野那智大社のすぐ隣りに隣り合わせで（裏はつながっていそう）清《せい》岸渡《がんど》寺《じ》という密教寺院があった。

ひと言で言って、この神社と寺はつまらない。くだらない観光寺であり、那智大滝を眺めるための高層鉄筋宿泊所を兼ねた大型のホテルのような大きなお寺に過ぎない。この神社（大社）も寺も合わせてひとつで、本当は昔は修験道《しゅげんどう》の道場であり、行者《ぎょうじゃ》たちの集まる場所であったのだ。それが「神仏混淆《こんこう》」というふざけきった、くだらない、言い訳たらたらの恥ずべき権力思想に染まりきって、日本の宗教腐敗の限りをつくしている。

私はこういう鉄筋コンクリート造りのピカピカひかっている立派な神社やお寺はすべて大嫌いである。だからもう一度、明治1年、2年にだけあった、怒れる民衆暴動であった廃仏《はいぶつ》（社も）毀釈《きしやく》の暴動が起きて、これらのコンクリート製の大きな観光寺と神社を破壊すべきである。私はここまで言う。腐れはてて体制化し、制度化してしまった大宗教団体などに何の神々《こうごう》しさもない。今の民衆はそれを観光名所だとしか思わない。

それに比べたら、那智の大滝はやっぱりすばらしかった。P．174の写真をよく見てください。133メートルの高さから流れ落ちる白糸の滝は、やはり瞠目《どうもく》すべきものである。ここまで見物に来た人々の目をすいつけて息をのませるのに十分である。ここが20

図表 30

那智《なち》の大滝《おおたき》

P.163の天磐盾《あまのいわたて》（ゴトビキ岩）が男性器（男神）である。そしてこの大滝が女性器（女神）であり、2つは一対《いっつい》である。日本の国生《くにう》み（国の誕生）の秘蹟《ひせき》である。

00年間、日本の聖地であるはずだ。私は地元の人（先の速玉大社のみやげ物屋のおかみさん）からチラと聞いた、真実のコトバにしびれた。

「那智の滝の方が女の人のあそこを表していて、神倉神社の大岩が男の人のアレなんだそうよ」

　そうなのである。P．174のこの写真をじっと見ていると、本当に那智の大滝は女神さまであり、この滝全体がご開帳《かいちょう》した女性の生殖器（外陰部《がいいんぶ》）そのものである。ご開帳すなわち大股開《おおまたびら》きとは文字どおりこのことだ。そして流れ落ちる滝は女性の性液である。私は日本国の大きな秘密をこの時、はっきりと知った。もう隠すわけにはゆかない。私はこのことを自分の本に書いて、そして日本国民に知らせる。この真実はすぐに日本国中に知れ渡ることはないだろうが、時間の経過とともにじわじわと広がってゆく。私の本の影響力は今はそのくらいはある。

　私が知ったこの真実を、地元の人たちは当たり前のこととして、ずっと秘かに語りつないできたのである。そして江戸時代の人々も、お伊勢参りのさらにそのあとに、苦労をして一山越えて、この熊野詣でをして、この男神（男根）の「天磐盾《あまのいわたて》」と女神（女陰）の那智大滝を拝観したのである。ここが日本人の故郷《ふるさと》だ。

図表 31

御神体《ごしんたい》

「性器歓喜天《せいきかんきてん》」
了仙寺《りようせんじ》蔵のもの

（出典：『性愛術の本』学研）

どんつく神社の
御神体

御神体と男と女

なぜ人は神聖であるご神体を拝むのか。男である私が50年かけてわかったことは、それは、男は自分が生まれてきた女性の生殖器の奥の子宮《しきゅう》（これを仏教で胎蔵界《たいぞうかい》と言う）の中にもう一度、帰って行きたいのである。だから男は女あるいは女の体が大好きなのだ。このように考えるしか他に私はこれまで納得したことがない。私は自分が実感をこめて納得したことしか言わない（肯《がえ》んじない）人間である。私は極力ウソをつかないでこれまで百冊の本を書いて、読者に真実を伝えてきたと自負している。

たとえ多少、下品だと言われても構わない。そんな批判は気にしない。日本全国各地のお寺や神社にはP．176の写真のように、男女の交合（図）を木彫で彫り上げてご神体としているところがある。男根（陽根）だけを彫って厨子《ずし》の中に安置してあるものもある。今ではかなりみっともないから、教育委員会や市役所の社会文化部とかが圧力をかけて「そんなものを公の場に飾るな（置くな）。児童への教育上よろしくない」と奥に隠させることが多い。

日本人が知らない「奥駆け」の秘密

さて、P．179の地図を見てください。前述したとおり大峰山（という南北に伸びる山脈）を「奥駆け」という山歩きをする。全部で20ほどの山を次々に踏破することが「奥駆け」である。日本に近代登山（技術）が伝わる前の伝統的な古代からの登山である。尾根を伝ってずっと山岳ルートを縦走《じゅうそう》してゆく。この大峰山の南北100㎞のすべてが神聖な行場《ぎょうじょう》である。真北に120㎞、ほぼ直線に進みます。行き着いたところ、そこが吉野です。

吉野の里は、後醍醐天皇たちが山人《さんじん》に連れられて逃がれてきて南朝をつくった（1336年）ところだ。吉野の里までたどりつく険しい山道を、今は5泊6日くらいで、2回に分けて、それで奥駆けという修行を達成する。ですから修験者以外でこの行《ぎょう》を行うのは相当の決意と体力が必要だ。

それから日本のもうひとつの修験道の聖地は出羽三山《でわさんざん》である。山形県の湯殿山《ゆどのさん》、月山《がっさん》、羽黒山《はぐろさん》の3つの山が連なり、ここも霊場である。山形県の日本海に近い庄内《しょうない》平野の中心の鶴岡《つるおか》市から車で15㎞のところにある羽黒山神社が入口である。出羽三山は、羽黒山の天狗《てんぐ》（天狗こそは修験者である）で有名な羽黒山と、そこからずっと南に30㎞続く小さな山脈

図表 32

大峰山《おおみねさん》の奥駆《おくが》け道《どう》が日本国の本当の中心

奥駆けには七十五の靡《なびき》（宿泊所）がある

（出典：『修験道の本』学研）

である湯殿山、そして月山と続く。この出羽三山が、南紀の「大峰山の奥駆け行場《ぎょうじょう》」と共に日本の修験道の聖地だ。私はここにもどうしても行ってみたい。

修験道というのは、本当は仏教でも神道でもない。ところが現在では修験道の修験者（山伏）たちのほとんどが仏教の僧侶である。一部は神道の神主たちになっている。京都の南の方の伏見《ふしみ》稲荷《いなり》神社がそうだ。この神道の神主《かんぬし》たちも本当は修験道の行者（山伏）である。この人たちも、明治５年（１８７２年）に出された「修験道禁止令」で、坊主（僧）か神主（神官）になれと明治政府から命じられて、一部は伏見稲荷信仰の神道に変化した。「お稲荷さん」は油揚げで作るが、この油揚げはキツネが大好物だとされる。キツネは里に出てきて人を化《ば》かすと伝承され畏《おそ》れられた。このキツネ（管狐《くだぎつね》）を使ってする妖術の使い手を「飯綱《いづな》使い」と言い、古来の修験者たちの神秘術のひとつとされる。伏見稲荷に限らず、この系のお稲荷様信仰は、すべて元は修験道である。

明治になって、修験道が禁止されて、無理やり坊さまか、神道の神主になれと言われたからだ。だから現在の修験者たちは、今はほとんどはお坊さま（仏僧）であり、高野山の弘法太子（空海《くうかい》）の系統か、京都の北の比叡山延暦寺の天台宗《てんだいしゅう》のどちらかだ。内部はさらにいろいろと複雑だ。

修験者のこと

密教《みっきょう》というのがあって、真言密教か天台密教（天密《てんみつ》と言う）の2つがある。修験道も密教の系統だと言われている。密教のことについては私はこの本では触れない。だが、私ははっきりと言い切る（断言する）。本書の第五章でも書いたが、私は日本の仏教の大きな16宗派のすべてを批判し、懐疑しているので評価しない。本当の本物の日本人の信仰は、外来思想である仏教でもなければ同じく神道（本当は中国の道教）でもない、とここに至って断言する。日本人の魂の大基《おおもと》は、修験道である。私はそれをわずかに実践してみてわかった。

修験道とは何か。修験《しゅげん》とは、霊験《れいげん》があらたかになる（顕示すること、外に表れる）ように、山岳修行をする行者《ぎょうじゃ》が、己《おのれ》の験《げん》、すなわち超能力を高める努力のことである。「験《げん》」とは超自然的な能力のことである。（修）行者《ぎょうじゃ》はやはり仏僧の密教の修行者よりも、山岳信仰を実践する修験者によりふさわしいものである。

では修験者とはどういう人々であったか。修験者、別名、山伏《やまぶし》とは、日本の古来の「山《やま》の民《たみ》」たちの中に出現した御師《おし》と呼ばれる人々であった。神道の神主《かんぬし》とは違う。

古来、日本全国の山岳地帯の山村は、ひとつの山にだいたい50戸から60戸くらいの集落があった。この50戸くらいの集落（部落）の長老の役を果たしたのが御師《おし》と呼ばれた立派な人々である。この御師が各戸に薬を作って配ることをした。御師は村によっては持ち回りの当番であるところもある。この御師がやがて修験者になって、その優れた振る舞いの故に人々に崇《あが》められるようになった。

山人《やまびと》たちは、修験者を中心にして独特の占《うらな》いと呪《まじな》いの儀式を作り上げていった。これが日本の最も古くからの人々の生活である。仏教や神道（道教）は外から来た外来思想である。

だから修験者である村上圓信《えんしん》氏が私にははっきり言った。「私たち山伏は神道も仏教もあまり信じてない」と。でも村上氏は仏僧である。ですから群馬県三重院で私たちも一生懸命、真言《しんごん》（マントラ）を唱えさせられて、般若心経やらあれこれお題目といっていいか、唱名《しょうみょう》というのか、お経のいちばん簡単な初歩の文言《もんごん》を唱えさせられた。最低限度の修験道の修行をさせていただいて、大変ありがたかった。興味のある人はぜひインターネットのホームページ（http://www9.ocn.ne.jp/~sanjyuin/）を開いて、この行場《ぎょうじょう》に行ってください。

ここでの修行のひとつに、徹夜して翌朝までに「1万回、不動明王《ふどうみょうおう》の真言を唱える」という行《ぎよう》があった。私は耐えられず、こてっと眠ってしまった。編集のSさんはなんと翌朝までに4700回を唱えた。この不動明王の真言（マントラ）をひと晩中、夜の7時から朝の5時まで唱えるという修行だ。相当に深い悩みを抱えている人でなければ、できない。その日の昼間に、滝のある川まで行って滝行をした。この他に山歩きの行《ぎよう》と下座《げざ》行という本堂の周りの境内の草むしりやたきぎの片付けなどの作業が課される。

これらを「修行《しゆぎよう》」という。修行というコトバは非常に重要だ。いいですか、「修行」と「修業《しゆぎよう》」は、まったく違うコトバですよ。「修業」の方は、徒弟奉公の「修業」とか学校の始業、終業式の「業（なりわい）」の方の「業」です。それに対して「修行」の方は、行《ぎよう》者《じや》がする「行《ぎよう》」なのです。今の普通の日本人はこの2つを混乱して、区別がつかなくなっている。こっちの「行」こそが重要なのです。

「行」を行う人は、修験道の行者の他に、仏教の僧の修行もある。仏教の各宗派でも山にこもって滝に打たれて、石の上に座って座禅をくんで修行する。100日近く籠《こも》ってお経を唱え、呪文を唱えて身を清めて最小限度のご飯しか食べないで、厳しい環境でガリガリにやせ細るまでやる。護摩《ごま》をたいて加持祈禱《かじきとう》もする。同時に、性欲を断つということをしなければならない。

この世の一切の欲、性欲と金銭欲、現世の欲望を断つということが修行だ。それをやらないといけない。修行は大変だから向いている人しかできない。

修行のこと

たとえば世間でよく知られている比叡山の天台宗の「千日回峰行《かいほうぎょう》」というのがある。ほぼ1000日、3年間かけて100日ずつやる。1日60㎞くらいの山道を毎夜経文《きょうもん》を唱えながら歩き通す。最後の80日、90日はほとんど水しか飲まないで、ぶっ倒れそうになりながらやらされる。立ち上がれないような状態になって、脇を支援者に抱えられながらそのままばったり死ぬくらいの覚悟でやる。

だからこんなことは生来、向いている人しかできない。こんなことは自衛隊員あがりとか、最初から現世的でない、異常に強靭《きょうじん》な体力をした人しかできるわけがない。どんな時代も普通の人ができない超人的な技とか、超人的な我慢、忍耐力がある人がいた。そしてその超人の行者《ぎょうじゃ》を、すばらしいと周りの人々が拝む。そのような人を現代でも立派なお坊さまと言うべきだと私も思う。

がしかし、千日回峰行を達成して阿闍梨《あじゃり》になった人が言っていた（書いていた）。「こんなことをしたからといって、何の悟りもなかった」とはっきり言っている。有名なことばだ。でも周りの信者たちは一生懸命、生き仏様《ぼとけさま》だと言って、千日回峰の行者が通ると、道ばたに並んで座って苦行者の姿を拝む。その拝みたくなる人々の気持ちを、私も泣きたくなるくらいによくわかる。私はけっして仏教の各宗派の修行を否定しない。しかしそれでもだ。私は、仏教の教団を疑っている。仏教の修行よりは、本物の修行は修験道の行者たちの山岳信仰に基づく修行である。

おわりに

おそらくこの本が、今の日本で一番わかりやすい占いとそして呪《まじな》いについての入門書、解説書になっている。著者である私はそのことに自信と自負を持っています。

占《うらな》いというのは、近《きん》未来予測（すなわち予言《よげん》）のことである。それと、自分がある人と気が合うか合わないかの相性《あいしよう》判断であることがわかった。

それでは、呪《まじな》いとは何だろう。呪《まじな》いとは、自分の運勢を占ってもらった結果、自分にこれから迫り来る災難がわかったとする。呪《まじな》いとは、その災難を取り除くお祈《いの》りをすることです。だから厄除《やくよ》けとも言います。「呪い」と書くと、私たちはすぐに「呪《のろ》い」とも読めますね。そうなのです。呪《まじな》いと呪《のろ》いは同じ言葉なのです。同じ言葉なのに二つの互いに対立し合うような読み方をするのです。「のろう」と「まじなう」は同じ漢字が持つ二つの意味です。「呪詛《じゆそ》」と書くとはっきりします。「呪《じゆ》」は、災いを他の人に引き起こすための術です。だから呪《のろ》いと読むのです。

この他に大事なことは、修行《しゆぎよう》の「行《ぎよう》」という言葉です。修行《しゆぎよう》の「行《ぎよう》」は「業《ぎよう》」ではない、ということです。「行」と「業」はまったく違います。「行者《ぎようじや》」の「行《ぎよう》」は修業の「業《ぎよう》」（なりわい、職業）とはまったく別なのです。

ここで読者にさらに注意を促しておきますが、占い、呪《まじな》いは、必ずしも専門職の占い師や呪《まじな》い師に頼るだけであってはならない。占術《せんじゆつ》、祈禱《きとう》（祈《いの》りと祀《まつ》り）は、自分の力でもできます。どうも自分はこの占い師は信用できないと感じた占術師には、それ以上近寄ってはなりません。人生はなにごとにおいても注意力と用心と警戒心が大切です。

「祈《いの》り」と「祀《まつ》（祭）り」も違います。「お祈《いの》り、祈禱《きとう》」と、「お祀《まつ》りする、お祭《まつ》りする」は、似ていますが異なります。よーく自分の頭で考えてみてください。そうすればわかります。「（神仏を）お祀《まつ》り、お祭《まつ》りする」のと、お祈りは似ていますが違います。このへんのことをよーく考えると、頭のしっかりした人間になれます。なにごとにおいても、明晰《めいせき》、明白《めいはく》、明確《めいかく》、正直《しようじき》であることが大事です。この本の著者である私は、幻惑された迷妄《めいもう》の中には生きません。私の占い師・呪《まじな》い師への道はこれからも続きます。

群馬県三重院《さんじゆういん》の副住職の村上圓信《えんしん》氏が私を導き、修験道の真髄を簡潔に教えてくださいました。心から感謝申し上げます。私が学んで大きく感動したことをひと言で言うと、それは「修験道は仏教でも神道でもない」ということです。三重院の連絡先、

インターネットサイト　http://www9.ocn.ne.jp/~sanjyuin/

電話番号　0278-62-3001

をここに付記させていただきます。真面目な修行のために訪れた人は歓迎されるでしょう。

最後に、私の道連れとなり同行《どうぎょう》の者《もの》となって、一緒に苦心してこの本を完成させました幻冬舎編集部の相馬裕子さんに感謝申し上げます。

2011年2月末

副島隆彦

著者略歴

副島隆彦《そえじまたかひこ》

一九五三年五月一日福岡市生まれ。早稲田大学法学部卒業。
外資系銀行員、代々木ゼミナール講師、常葉学園大学教授などを歴任。
政治思想、法制度論、経済分析、社会時評など多くの分野で評論家として活動。
副島国家戦略研究所（SNSI）を主宰し、日本初の民間人国家戦略家として研究、
執筆、講演活動を精力的に行っている。

近著に『中国バブル経済はアメリカに勝つ』（ビジネス社）、
『日米地獄へ道連れ経済』（祥伝社）、『世界権力者人物図鑑』（日本文芸社）、
『お金で騙される人、騙されない人』（幻冬舎新書）などがある。

［ホームページ・副島隆彦の学問道場］
http://www.snsi.jp/
［e-mail］GZE03120@nifty.ne.jp

幻冬舎新書 206

なぜ女と経営者は占いが好きか

二〇一一年三月三十日 第一刷発行

著者 副島隆彦
発行人 見城徹
編集人 志儀保博

発行所 株式会社 幻冬舎
〒一五一-〇〇五一 東京都渋谷区千駄ヶ谷四-九-七
電話 〇三-五四一一-六二一一(編集)
〇三-五四一一-六二二二(営業)
振替 〇〇一二〇-八-七六七六四三

ブックデザイン 鈴木成一デザイン室
印刷・製本所 株式会社 光邦

Printed in Japan ISBN978-4-344-98207-9 C0295
そ-1-2
幻冬舎ホームページアドレス http://www.gentosha.co.jp/
*この本に関するご意見・ご感想をメールでお寄せいただく場合は、comment@gentosha.co.jpまで。

幻冬舎新書

副島隆彦
お金で騙される人、騙されない人

銀行、証券、生保のウソの儲け話に騙されて、なけなしの預金を株や投資信託につぎ込み、大損した人が日本国中にいる。金融経済界のカリスマが、12の事例をもとに、世に仕組まれたお金のカラクリを暴く！

桜井章一
ツキの正体
運を引き寄せる技術

ツキは、突然湧いてくると思われがちだが、実は必ず人を選んでいる。麻雀の世界で二十年間無敗の伝説を持つ著者が、場の空気の変化を敏感にとらえ、運の流れを見抜く方法をわかりやすく伝授。

岸博幸
ネット帝国主義と日本の敗北
搾取されるカネと文化

ネットで進むアメリカ企業の帝国主義的拡大に、欧州各国では国家の威信をかけた抵抗が始まった。このままでは日本だけが搾取されてしまう。国益の観点から初めてあぶり出された危機的状況！

藤井聡
なぜ正直者は得をするのか
「損」と「得」のジレンマ

利己主義者が損をして不幸になり、正直者が得をして幸せになることを科学的に実証！　どんな性格の人が結果的に得をし、幸せになれるのか。生きる上で重要なヒントを与えてくれる画期的な論考。

日垣隆
秘密とウソと報道

鑑定医が秘密をバラす相手を間違えた奈良少年調書漏洩事件、「空想虚言癖」の典型的パターンに引っかかった「週刊新潮」大誤報等。秘密とウソというユニークな視点から、「メディアの危機」に斬り込む挑発の書。

小林よしのり［編］
日本を貶めた10人の売国政治家

ワースト3位＝小泉純一郎。ならば2位、そして1位は!?　国民の財産と生命をアメリカに売り渡し、弱者を切り捨てた売国奴。こんな日本になったのは、みんなこいつらのせいだ！　凶器の言葉を投げつけよ。

宮台真司
日本の難点

すべての境界線があやふやで恣意的（デタラメ）な時代。「評価の物差し」をどう作るのか。人文知における最先端の枠組を総動員してそれに答える「宮台真司版・日本の論点」、満を持しての書き下ろし!!

島田裕巳
平成宗教20年史

平成はオウム騒動ではじまる。そして平成7年の地下鉄サリン。一方5年、公明党（＝創価学会）が連立政権参加、11年以後、長期与党に。新宗教やスピリチュアルに沸く平成の宗教観をあぶり出す。